MARIA FIRMINA DOS REIS
vida literária

Luciana Diogo

MARIA FIRMINA DOS REIS
vida literária

Todos os direitos desta edição reservados à Editora Malê.
Direção: Francisco Jorge & Vagner Amaro

Maria Firmina dos Reis: vida literária
ISBN: 978-85-92736-70-5
Edição: Vagner Amaro
Capa: Dandarra Santana
Ilustração de capa: Carolina Itzá
Diagramação: Maristela Meneghetti

Texto revisado segundo o novo Acordo Ortográfico da Língua Portuguesa.
Proibida a reprodução, no todo, ou em parte, através de quaisquer meios.

Dados internacionais de catalogação na publicação (CIP)
Vagner Amaro – Bibliotecário - CRB-7/5224

D591m	Diogo, Luciana
	Maria Firmina dos Reis: vida literária / Luciana Diogo. — 1. ed. — Rio de Janeiro : Malê, 2022.
	178 p.
	ISBN 978-85-92736-70-5
	1. Literatura brasileira — História e crítica 2. Reis, Maria Firmina (1822-1917) I. Título.
	CDD B869.9

Índices para catálogo sistemático: 1. Literatura brasileira: história e crítica B869.9

Editora Malê
Rua Acre, 83, sala 202, Centro. Rio de Janeiro (RJ)
www.editoramale.com.br
contato@editoramale.com.br

À memória de minha avó Maria Augusta Libério e de minha avó Efigênia Eduarda da Paixão.

À memória de meu avô Alcides Martins Diogo e de meu avô Antônio João.

À memória de meu tataravô Clemente Afonso de Miranda

...ou, quando menos, sirva esse bom acolhimento de incentivo para outras...
Maria Firmina dos Reis. Úrsula, 1859.

SUMÁRIO

Apresentação 11

1. Trajetória 13

   1.2 Carta à Exma. Professora Maria Firmina dos Reis..............41

   1.3 Contornando o invisível – um retrato possível de Maria Firmina dos Reis 57

2. *Úrsula* 67

3. *Gupeva* 115

4. *A Escrava*..123

   4.2 - Joana – A Escravizada que sabia Ler e os Leitores nas Senzalas: Circulação da Literatura entre as Pessoas Escravizadas 141

5. *Cantos à beira-mar* 147

6. *Álbum*: O diário de Maria Firmina dos Reis 153

7. Referências 163

Agradecimentos 173

APRESENTAÇÃO

As linhas (a)fiadas das redes de (r)esistência

As linhas (a)fiadas pelas mulheres negras escravizadas que nos antecederam nas senzalas performam as teias de resistência negra feminina lançadas pelas canetas insubmissas empunhadas por aquelas que fabulam, em seus quartinhos de empregadas ou em becos de favelas, mundos possíveis; muito além daqueles disponíveis às mulheres negras: Preta Susana (*Úrsula*) viveu a liberdade em terras africanas, avô de Bitita (*Diário de Bitita*) foi escravo e Tio Totó (*Becos da Memória*) nasceu no período da escravidão. Essa escrita (re)carrega essa vivência da coletividade.

2022 marca as comemorações do bicentenário de Maria Firmina dos Reis, a figura inaugural da literatura de autoria de mulheres negras brasileiras. Em 1859, ela publicou *Úrsula*, obra que entra para a história da literatura nacional por ser o primeiro romance brasileiro em que personagens negras expõem, sem a intermediação de um narrador, as suas visões de mundo e de liberdade. Maria Firmina instaura um espaço para a enunciação do sujeito negro silenciado, reivindicando o lugar da escrita como direito de tomar lugar na própria vida e de poder contar a própria história. Ao fazer isso, Firmina também pavimenta alguns fundamentos para a reflexão crítica sobre a escrita de mulheres negras.

A autora se insurgiu contra a estrutura social de sua época com a sua imaginação literária, e assim, para contestar a transparência e o silêncio dos arquivos com relação à história das pessoas subalternas, ela criou um romance. Esse romance está envolto na luminosidade da *luz negra*[1] que revela aquilo que ficou oculto e soterrado nos escombros e espólios da História oficial brasileira. Assim, se a literatura funciona como presentificação constante, a *fabulação crítica*[2] de Maria Firmina se alça, por conta própria, a outros níveis narrativos que excedem as ficções da história, revisando romanticamente o mundo, a mulher, o indígena e o sujeito negro.

Maria Firmina dos Reis foi uma mulher negra, intelectual maranhense, sem dúvida, uma intérprete do Brasil que contribuiu pioneiramente nos campos da educação, da imprensa, da literatura e da história das ideias. Ela escreveu por um povo em devir; buscou, a partir da história do sujeito negro brasileiro, oprimido, escravizado, animalizado pelo olhar do branco, arrancá-lo desse lugar anômalo e promover a exumação do sentido soterrado de sua vida. Ela inseriu, na literatura oitocentista brasileira, personagens literários negros (escravizados ou libertos) a partir da imagem de um 'devir mulhe' e um 'de devir-sujeito'.

---

[1] Denise Ferreira da Silva.
[2] Saidiya Hartman.

1. TRAJETÓRIA

1.1 MARIA FIRMINA DOS REIS E A HISTÓRIA DE UMA FAMÍLIA NEGRA LETRADA DO XIX

> Tendo sido examinadas no dia 11 do corrente no Palácio do Governo as oppositoras à cadeira de 1ª Letras do sexo feminino da Vila de Guimarães, D. *Úrsula* da Graça de Araújo, D. Maria[nna] Firmina dos Reis e D. Antonia Barbara Nunes Barreto, unicamente a segunda foi aprovada, por ter sido julgada competentemente habilitada.
>
> *NOTÍCIA LOCAL. O Progresso, 13/08/1847*

Maria Firmina dos Reis nasceu livre, em uma terça-feira[3], no dia 11 de outubro de 1825, em São Luís, no Maranhão. Era filha natural[4] de Leonor Felipa dos Reis - uma mulher escravizada que serviu ao comerciante de escravos e proprietário de terras Comendador Caetano José Teixeira, e que, posteriormente, foi negociada e alforriada por Baltazar José dos Reis, pai de Francisco Sotero dos Reis[5].

---

[3] Esta observação interessante foi destacada por Agenor Gomes na biografia intitulada *Maria Firmina dos Reis e o cotidiano da escravidão no* Brasil, lançada por ele em março de 2022. Nela, ele apresenta documentação inédita sobre a autora, além da árvore genealógica da família da romancista. Muitas informações apresentadas neste capítulo só foram possíveis de serem levantadas graças a esta pesquisa realizada por Agenor Gomes, que é a mais completa reconstituição biográfica publicada sobre a autora até o momento.
[4] Filha de pais não casados oficialmente.
[5] GOMES, 2022, p. 31.

Ela foi batizada no dia 21 de dezembro de 1825, por sua mãe e por João Nogueira de Sousa, que compareceu como padrinho. João Nogueira era colega, na Companhia de Cavalaria, de João Pedro Esteves, pai da escritora, que, por sua vez, tinha sido sócio na Casa de Comércio de Caetano José Teixeira, o ex- proprietário de Leonor. Na ocasião, entretanto, o comendador já havia falecido há seis anos, em 1819 [6], o que atesta que, quando Firmina nasceu, sua mãe, Leonor, também já era uma mulher livre.

Assim, na condição de "mulata forra"[7], Leonor Felipa conseguiu alfabetizar a sua filha e despertar nela o amor pela literatura incentivando-a a ler, a escrever, a cantar e a pensar[8].

Leonor Felipa era filha de Engrácia Romana da Paixão. Ambas haviam sido escravas de Caetano José Teixeira[9]. Caetano Teixeira foi comendador da ordem de Cristo, tesoureiro na "Real Junta do Comércio" e também proprietário de uma Casa de Comércio que realizava transações de mercadorias em Portugal. Ele era traficante de escravos no trajeto do porto de Cacheau, na Guiné, para o porto de São Luís, e chegava a vender até duas mil pessoas escravizadas por ano, tanto africanas quanto nascidas no Brasil, estas últimas eram negociadas em Pernambuco e revendidas para o interior do país com altos lucros. O transporte desses cativos era feito no navio *Victória*[10], propriedade de Caetano José Teixeira.

---

[6] CRUZ, Mariléia dos Santos; MATOS, Érica de Lima de; SILVA, Ediane Holanda. "Exma. Sra. d. Maria Firmina dos Reis, distinta literária maranhense': a notoriedade de uma professora afrodescendente no século XXI". CEMOrOc-Feusp / Univ. Autònoma de Barcelona, set/dez 2018, p.151-166. Disponível em: http://www.hottopos.com/notand48/151-166Marileia.pdf. Acesso em outubro de 2022.

[7] Termos atribuídos nos Autos de Justificação do dia de nascimento de Maria Firmina dos Reis, de 25 de junho de 1847, da Câmara Eclesiástica/Episcopal, série 26, Caixa n. 114 – Documento-autos nº 4.171; concluído no dia 13 de julho de 1847. Ver: ADLER, Dilercy. 2017/2018.

[8] "Minha Mãe! – as minhas poesias são tuas. [...] É a ti que devo o cultivo de minha fraca inteligência; – a ti, que despertaste em meu peito o amor à literatura; – e que um dia me disseste: Canta! Eis pois, minha mãe, o fruto dos teus desvelos para comigo; – eis as minhas poesias: – acolhe-as, abençoa-as do fundo do teu sepulcro. E ainda uma lágrima de saudade, – um gemido do coração..." Trecho da dedicatória do livro de poesia *Cantos à beira-mar*, 1871.

[9] GOMES, 2022, p.31

[10] Pacotilha, 2/09/1886, p. 2.

Engrácia Romana da Paixão pode ter nascido na Guiné, já que este era um destino para muitos navios do Maranhão, provavelmente, no ano de 1778[11]. Engrácia e Leonor foram negociadas com Baltazar José dos Reis, obtendo em seguida a alforria[12]. Baltazar José dos Reis era juiz de paz na vila de Guimarães, situada no interior do Maranhão, e pai do professor e gramático Francisco Sotero dos Reis.

Agenor Gomes, em suas pesquisas sobre a vida da autora, recupera um interessante artigo de um periódico impresso na tipografia de Ignacio José Ferreira[13], em São Luís, que faz um comentário a respeito de Baltazar. Por ele, ficamos sabendo que, em 1840, o jornal *O Guajajara* acusava Baltazar dos Reis de ser comparsa de escravos fugidos e ladrões de gados; a crítica do periódico pesava sobre o fato de acreditarem que a fazenda Deserto, pertencente a Baltazar, seria um lugar privilegiado para abrigar escravos em fuga.

"Leonor trazia o parentesco e o sobrenome" [14] de Baltazar José dos Reis: "Todos os indícios levam à conclusão de que Leonor tenha nascido da relação existente entre Baltazar e sua escrava Engrácia, o que explica Maria Firmina ser sobrinha de Sotero dos Reis"[15]. Agenor Gomes confirma que Baltazar dos Reis era português e fazia parte do tronco abastado da família Reis, ele faleceu em 23 de outubro de 1847. Leonor Felipa e Maria Firmina pertenciam ao ramo oriundo da escravidão.

Engrácia residia em São Luís com os seus filhos Leonor, Martiniano e Henriqueta; e com as suas netas Maria Firmina, Amália Augusta e Balduína. Amália Augusta era irmã da escritora e

---

[11] Em seu registro de óbito consta que ela morreu com 81 anos em 1859.
[12] GOMES, 2022, p. 31.
[13] O Guajajara, n°7, 29.4. 1840, p.2. FBN. Disponível em: http://memoria.bn.br/DocReader/docreader.aspx?bib=761516&pasta=ano%20184&pesq=&pagfis=26. Acesso em outubro de 2022.
[14] GOMES, 2022, p.104.
[15] Ibidem.

Balduína era sua prima, filha de sua tia Henriqueta. Moravam todos na rua São Pantaleão, mesma rua em que se situava a Casa Grande das Minas[16], dirigida exclusivamente por mulheres[17].

"Engrácia não chegou a casar-se, porém, convivera com Manoel da Paixão, advindo dessa união o filho Martiniano. Leonor e Henriqueta nasceram posteriormente"[18]. Ela faleceu aos 81 anos, o seu registro de óbito é de 19 de abril de 1859. Maria Firmina chorou a morte da avó em seu diário:

> UMA LÁGRIMA!...
> Era o dia 19 de abril, um formoso sol brilhava sobre os campos do céu, e os raios vívidos e luzentes aqueciam docemente a ervinha do prado; mas meu coração estava aflito, porque na minha alma havia dor pungente. Minha pobre Avó! Caíste como o cedro da montanha, abalado em seu seio pelo correr dos séculos.
> Uma lágrima sobre a tua campa! porque a sua memória será terna em minha alma. Adios, até o dia em que Deus nos houver de reunir para sempre.
> Guimarães, 19 de abril de 1859[19]

A pequena Maria Firmina dos Reis passou a infância encerrada na casa materna, entre as flores que a sua avó cultivava e junto da irmã e da prima, as suas únicas amigas de infância[20].

A escritora cursou apenas a escola primária[21], pois o curso Normal que funcionava em São Luís, desde 1840, não admitia mulheres. Segundo Agenor Gomes, é muito provável que ela tenha frequentado a aula pública de primeiras letras da professora Henriqueta Cândida

---

[16] Templo de tradição matriarcal, fundado na década de 1840, por Maria Jesuína, africana escravizada no Brasil. A escritura do prédio é de 1847 e está em nome dela e de suas companheiras.
[17] Idem, p. 47-48.
[18] Idem, p.265.
[19] Álbum. MORAIS FILHO, 1975, n.p. Foi por meio deste registro no diário da escritora que o pesquisador Agenor Gomes conseguiu encontrar o registro de óbito de Engracia e, assim, revelar a sua identidade.
[20] Álbum in: MORAIS FILHO, 1975, n.p.
[21] *A imprensa*, Ano IV, nº61, 1.8.1860, p. 4. FBN.

Ferreira, quando a sua família se muda do bairro de São Pantaleão para a rua do Alecrim, a poucos metros da casa da professora [22].

Agenor observa ainda que a nova casa da família de Firmina, na rua do Alecrim, ficava a trezentos metros da casa de Francisco Sotero dos Reis, que residia na rua da Paz, a alguns passos da biblioteca pública provincial, na rua paralela a do Teatro União (atualmente Artur Azevedo), quase no Largo do Carmo. Nota-se, aqui, que Maria Firmina muito provavelmente circulou pelos espaços dos arredores de sua casa, em São Luís, participando, direta ou indiretamente, da vida cultural da cidade, absorvendo-lhe alguns aspectos que mais a interessava, "segundo Luiza Lobo, montagens de dramas e óperas apresentadas no Teatro União, nas décadas de 1840-50, podem ter influenciado Maria Firmina na escrita do romance *Úrsula*" [23].

Assim, Sotero dos Reis estava por perto e, nessa época, ele era Inspetor de Instrução Pública da Província do Maranhão. Para Agenor Gomes, ele pode ter contribuído para o ingresso dos seus parentes mais pobres na escola, pois todos os filhos de Engrácia – Leonor, Henriqueta e Martiniano – sabiam ler e escrever, como atestam a assinatura de Martiniano na escritura de inventário e partilha de bens que acordou com a sua esposa D. Joana Matilde Mafra dos Reis, em 1879; ou a assinatura de Henriqueta na escritura de um imóvel em Guimarães, em 1871 [24]; ou, ainda, a dedicatória que Firmina faz a sua mãe, também em 1871, declarando que ela era a responsável por seu amor à leitura.

Martiniano vai para Guimarães em 1840 e lá se casa em 1841. "No ano do casamento de Martiniano, em Guimarães, Engrácia e

---

[22] GOMES, 2022, p. 27,92.
[23] Idem, p. 108.
[24] Idem, p. 145.

suas filhas ainda residiam em São Luís".[25] Deste modo, para Agenor Gomes, "Maria Firmina frequentou a residência do tio [Sotero dos Reis] em São Luís até a sua transferência para Guimarães, logo após a aprovação no concurso público de professora primária".[26]

Maria Firmina fez o exame de admissão para cadeira de 1ª Letras do sexo feminino da Vila de Guimarães em 11 de agosto de 1847 e foi a única aprovada. Para passar no concurso de professora, Firmina estudou por conta própria.

A autora se tornaria a primeira professora concursada de Guimarães aos 22 anos. Contudo, a idade mínima permitida para a inscrição no exame e para o ingresso no cargo era de 25 anos, essa exigência levou Maria Firmina a abrir, em 25 de junho de 1847, um processo para alterar a data de seu nascimento para comprovar que, à época, ela já contava a idade mínima requerida. Os Autos de justificação da data de nascimento de Maria Firmina tramitaram por dezenove dias e a escritora precisou de três testemunhas.

Finalizado o processo de justificação e confirmada a aprovação no concurso, a nomeação de Firmina será publicada em 15 de outubro de 1847 e isso será motivo de comemoração para a família:

> Orgulhosa com a vitória de Maria Firmina, Dona Leonor Reis, sua mãe, resolveu alugar um palanquim, para que sua filha, como carregada em triunfo, pelas ruas de São Luis, fosse nele receber [...] o seu ato de nomeação. Opõe-se, irrevogável, a jovem de 22 anos, embora até os próprios escravos de sua tia Henriqueta lhe pedissem com insistência para levá-la de palanquim – 'Diliquinha' [...] foi – não não e não – e disse já zangada: Negro não é animal para se andar montado nele! E foi a pé![27]

---

[25] Idem, p.265.
[26] Idem, p. 93.
[27] MORAIS FILHO, 1975, n.p.

Relatos como esse já revelam as convicções e o posicionamento crítico da jovem Firmina frente à escravidão, instituição tão assentada no Brasil que pautava as práticas e os valores socialmente compartilhados em sua época, entre os seus contemporâneos e, até, entre os seus próprios familiares, dos quais, neste ponto, Firmina divergia energicamente.

A postura de Maria Firmina dos Reis com relação a esse tema marcará profundamente a sua obra.

Depois disso, a futura escritora se muda para Guimarães, no interior do estado. Assim, em 1847, ela, a mãe, a avó e a irmã vão residir na casa do tio Martiniano, que já morava na vila havia sete anos.

Martiniano testemunhou no processo de justificação da data de nascimento de Firmina, ele declarou ser natural de São Luís, pardo, casado; declarou viver de suas lavouras e declarou também que morava na casa da mãe de Maria Firmina quando esta nasceu. Ele aparece nos jornais como sendo alfaiate, além de "Solicitador" em Guimarães[28]; ou seja, ele era alguém com instrução que ajudava as pessoas da localidade na função de procurador e notário, trabalhando na elaboração de documentos, acompanhando partilhas, além de redigir escrituras. Martiniano era pai de Filinto Elísio dos Reis, o primo de Maria Firmina que se tornou, anos depois, promotor público e Intendente Municipal da Comarca de Guimarães.[29]

Martiniano empresta uma das salas da sua casa, na praça da Alegria, n. 9, para Firmina lecionar. Era uma casa de taipa, coberta de telhas. Sobre essa mudança, Maria Firmina registra em seu diário:

---

[28] CRUZ; MATOS; SILVA, 2018, p.161.
[29] CRUZ; MATOS; SILVA, 2018, p.161.

> Sexta-feira, 11 de janeiro, dia em que viemos habitar esta casa. Deus permita que nela eu seja mais feliz e que a tranquilidade visite o meu coração. Difundi Senhora vossa graça sobre nossas cabeças. Amém. Não. Tentar contra os meus dias, seria um crime contra Deus e contra a sociedade; mas almejo a morte. Perdoai-me Deus de misericórdia! Mas a vida é-me assaz penosa, e eu mal posso suportá-la. O mundo é áspero e duro; mas não me queixo do mundo nem de pessoa alguma. Minha compleição é débil, minha ama alma sensível [...], meus desgostos são filhos de meus caprichos. Só vós, Senhor, me compreendeis porque me geraste: só vos podereis perdoar![30]

A professora residirá de 1847 a 1861 nesta casa, quando, então, se muda para a casa ao lado, de número 10, comprada pela tia Henriqueta para passar temporadas [31].

Maria Firmina dos Reis passará os próximos setenta anos na vila de Guimarães, dos quais, dedicará mais de quarenta anos ao ensino e quase cinquenta à literatura, percorrendo uma trajetória social que consolidará a sua atuação enquanto uma intelectual comprometida com seu tempo e seu espaço.

A TRAJETÓRIA DE MARIA FIRMINA PELA IMPRENSA

As primeiras notícias a respeito da obra de Maria Firmina dos Reis que encontramos nos jornais oitocentistas se referem à publicação do romance *Úrsula*, editado em 1859. Esse livro é considerado, atualmente, o primeiro romance escrito por uma mulher negra brasileira.

Já, o primeiro poema publicado de Maria Firmina veio a público em 19 de dezembro de 1860, no jornal *A Imprensa*, sob

---

[30] Álbum. MORAIS FILHO, 1975, n.p.
[31] MORAIS FILHO, 1975; GOMES, 2022, p. 116, 126, 152.

o título "[Poesias] Oferecidas à Exma. Sra. D. Thereza Francisca Ferreira de Jesus por ocasião da sentidíssima morte de seu inocente filho Leocádio Ferreira de Souza" [32].

Em 1861, ela participou da antologia poética *Parnaso maranhense* e, ainda, entre 1861 e 1862, Maria Firmina publicou *Gupeva – romance brasileiro*, uma novela em cinco episódios, de temática indianista, que foi republicado em 1863 e 1865.

De 1860 a 1868, Maria Firmina dos Reis publicou ao todo nos jornais maranhenses dezenove poemas[33], dez enigmas e uma poesia em prosa intitulada "Meditação". Acompanhando as publicações nesses periódicos, podemos notar que 1861 foi o ano de maior atuação da escritora na imprensa da época.

Assim, notamos que Maria Firmina dos Reis transitou entre as formas romance, poesia, enigmas, charadas, novelas e textos de prosa poética. Esses cinco tipos de produção literária marcam o início da circulação da obra de Maria Firmina, bem como o início da constituição de seu nome na imprensa.

De maio a setembro de 1872, Firmina colaborou no jornal literário *O Domingo* com o texto "Um Artigo das Minhas Impressões de Viagem – Página Íntima", continuado em três números. Após isso, desaparecem as publicações dos jornais. Passaremos treze anos sem ver seus escritos circulando pela imprensa.

Em 2 de janeiro de 1871, o *Publicador Maranhense*, nº 1, anunciou a futura publicação de *Cantos à Beira-mar*, o livro de poemas da autora.

Entre 1885 e 1908, teremos um período marcado também

---

[32] Este é um dos poemas inédito de Maria Firmina dos Reis porque ele não aparecia nas pesquisas pioneiras de Nascimento Morais Filho. Este fato atesta a importância das pesquisas em fontes primárias para o estudo da obra da autora.
[33] Esses poemas foram reunidos por Nascimento Morais Filho sob o título de *Cantos à Beira-mar* e publicados em 1975 na biografia *Maria Firmina – fragmentos de uma vida*.

por pouca publicação literária em jornais, mas maior circulação do nome da escritora associado a acontecimentos da pequena Vila de Guimarães: festas, noivados, casamentos, enfim, essa presença em eventos sociais será ao mesmo tempo temática e cenário pontuados em *A Escrava*, conto que Maria Firmina publica em 1887, na Revista Maranhense; nele, a narrativa acontece justamente em um salão, numa "reunião entre pessoas ilustres da sociedade" [34].

A exemplo disso, destacamos o poema "Um brinde à noiva", datado de 21 de julho, esse poema foi escrito por Maria Firmina especialmente para o casamento da "À Exma. Sra. D. Ana Esmeralda M. Sá". Já o poema publicado em 19 de maio de 1903, no jornal *O Federalista*, oferecido "Ao digníssimo colega o Sr. Policarpo Lopes Teixeira", foi escrito por ocasião da cerimônia de formação de alunos que passaram pelos exames da aula de Francisco Sotero do Reis, ocorrida em 30 de abril de 1903, a qual ficou registrada na nota do dia 20 de maio, em que *O Federalista* faz a seguinte referência: "Pela senhorita Anicota Matos foi recitada uma linda poesia da Exma. D. Maria Firmina dos Reis oferecida ao Sr. Professor Policarpo Teixeira".

A última produção conhecida de Maria Firmina dos Reis, atualmente, é do ano de 1908. Foi a "Poesia recitada por ocasião das bodas do sr. Eduardo Ubaldino Marques", publicada em 20 de fevereiro, no jornal *Pacotilha*[35].

Sintetizando, Maria Firmina dos Reis, ao logo de mais de quarenta anos de atuação na imprensa maranhense do século XIX, deixou-nos 42 poemas avulsos publicados em diversos periódicos

---

[34] *Outros Acordes* é um conjunto de poema que Firmina escreveu para momento de festividades e Nascimento Morais Filho reuniu sob este título, em sua biografia, acrescidas de outros publicados após 1884.
[35] Disponível em: http://memoria.bn.br/docreader/DocReader.aspx?bib=168319_01&pagfis=32060. Acesso em outubro de 2022.

e dez jogos de palavras. Ela publicou amplamente nos jornais literários maranhenses *Pacotilha, Eco da Juventude, Semanário Maranhense, O Jardim das Maranhenses, O Federalista, A Verdadeira Marmota, Almanaque de Lembranças Brasileiras*, entre outros.

No periódico *O Jardim das Maranhenses*, por exemplo, uma publicação voltada para o publico feminino, mas dirigido por homens, Maria Firmina dos Reis foi a única mulher que colaborou assinando o próprio nome. Ela começou a sua colaboração a partir do número 23, em 20 de setembro de 1861. Com a entrada de Maria Firmina no periódico, houve uma mudança no discurso da folha. Firmina deixou de lado temáticas relacionadas ao amor e a moralidade e trouxe um olhar de si na poesia, com uma fala que atravessava a interioridade feminina, e assim, com essa abordagem, ela conseguia maior identificação por parte de outras leitoras. Com isso, Maria Firmina promoveu toda uma mudança de dinâmica e de estrutura das páginas do jornal e seus trabalhos foram destacados nas primeiras páginas. Ela foi a segunda autora que mais publicou nesse periódico. Apenas em 1884, aparecerá no Maranhão um jornal editado por mulheres [36].

Do ponto de vista de sua atuação profissional, Maria Firmina contribuiu para o campo da educação ao inaugurar a primeira escola mista do Maranhão, na qual ensinava meninos e meninas na mesma classe. Por dificuldades financeiras, Firmina viu-se obrigada a interromper as aulas em 1883. Mas segundo relatos de uma ex-aluna a Nascimento Morais Filho[37], Maria Firmina seguiu lecionando até por volta de 1901, quando já contava mais de setenta anos.

---

[36] E SOUZA, N. L. A experiência editorial de Maria Firmina dos Reis no periódico O Jardim das Maranhenses. *Revista Aedos*, [S. l.], v. 12, n. 26, p. 424-452, 2020. Disponível em: https://seer.ufrgs.br/index.php/aedos/article/view/96840. Acesso em: outubro de 2022.

[37] Em 1975, Nascimento de Morais Filho lança *Maria Firmina dos Reis: fragmentos de uma vida*, que é uma biografia que reúne

Além de suas obras literárias, à artista são atribuídas ainda sete composições musicais. Sabemos que Maria Firmina fazia parte de uma família de músicos - Túlio Reis, Manduca Reis e Deca Reis. Esta informação ilumina um ponto que explica a contribuição que a autora também teve no campo da música, possuindo composições musicais como: *Auto de bumba-meu-boi (letra e música); Valsa (letra de Gonçalves Dias e música de Maria Firmina dos Reis); Hino à mocidade (letra e música); Rosinha, valsa (letra e música); Pastor estrela do oriente (letra e música); Canto de recordação ("à Praia de Cumã"; letra e música)* [38].

Ainda no campo da música, "numa explosão entusiástica do seu sentimento por ver os escravos livres do cativeiro, [Maria Firmina] compôs letra e música de seu '*Hino à liberdade dos escravos*'" [39]. Vê-se que, nessa memória, articulam-se dois elementos: seu capital cultural (que a fazia versada em música) e sua postura política, ambos elementos incomuns à época.

Há também um diário com registros esparsos anotados entre os anos de 1853 e 1903, publicado postumamente[40]. Este é um dos únicos diários de uma mulher brasileira do século XIX publicados no Brasil.

Já aposentada do serviço público, Maria Firmina passava os dias em casa com a sua "irmã Amália, costurando; e a velha Henriqueta, sua tia materna fazendo renda." Maria Firmina "já velha, ainda, muitas vezes, passava horas e horas escrevendo"[41].

---

também sua produção artística (poesias, contos, composições musicais), além de depoimentos dos filhos de criação e de ex-alunos da escritora.

[38] Ver informações sobre as composições musicais da autora no Memorial de Maria Firmina dos Reis. Disponível em https://mariafirmina.org.br/categoria/obras/musicas/. Acesso em outubro de 2022.
[39] MORAIS FILHO, 1975, n.p.
[40] Álbum. MORAIS FILHO, 1975, N.P.
[41] MORAIS, FILHO, 1975, n.p. Trechos dos depoimentos dos filhos de criação da escritora.

Em 11 de novembro de 1917, enquanto o nome Maria Firmina dos Reis era mencionado pela primeira vez em uma sessão pública da Academia Maranhense de Letras, a notícia de seu falecimento, ocorrido nessa mesma data, deve ter sido, provavelmente, o assunto mais comentado em sua vilazinha, Guimarães. A escritora partia deste mundo "soterrada nas paragens vimarenses, vergadando ao peso dos 92 anos"[42]. Certa vez, ela anotou em seu diário:

> O descanso de uma vida consumida encontra-se na sepultura. O esquecimento das dores humanas, só ela oferece. Eu quero um dia de repouso, um dia de esquecimento. Campa!... campa, eu te saúdo. Guimarães, 26 fevereiro de 1861[43]

Então, na manhã de uma segunda feira[44], fecharam-lhe, enfim, a campa. Nos jornais maranhenses, onde Firmina publicou por quase 50 anos, não houve menções, nem obituários ou agradecimentos às suas contribuições à cultura maranhense. Mas antes de sair de cena, numa sessão *pública*, em São Luís, Maria Firmina dos Reis, insurgente, faz a sua entrada simbólica na Academia.

A escritora não teve filhos biológicos, mas vivenciou a maternidade de forma intensa, criando mais de dez crianças. Na década de 1900, Firmina comprou uma casa e doou à Maria Amélia, mãe de Leude e Hugo, que foram seus filhos de criação[45].

Maria Firmina dos Reis morreu cega na casa dessa ex-escrava, mas, em vida, ela alumbrou e abundou a "luminosidade da

---

[42] Em 11 de novembro de 1917, o escritor Fran Pacheco leu um estudo intitulado *Celso de Magalhães* em sessão pública na Academia Maranhense. Maria Firmina foi mencionada de maneira elogiosa, sem que nenhum dos acadêmicos ou dos participantes da sessão soubessem do seu falecimento. O contexto da menção era o registro dos nomes dos colaboradores do periódico Seminário Maranhense. Para saber mais, consulte o Blog do pesquisador independente Sérgio Barcellos Ximenes, disponível em: https://medium.com/@sergiobximenes/a-homenagem-simb%C3%B3lica-a-maria-firmina-dos-reis-no-dia-do-falecimento-11-11-1917-a818f6e0f329. Acesso em outubro de 2022.
[43] Álbum. MORAIS FILHO, 1975, n.p.
[44] GOMES, 2022, 283.
[45] Ibidem.

luz negra": uma luminosidade que desvela o que está oculto na experiência dissidente no mundo e "somente ela é capaz de iluminar esse mergulho tão intenso no infinito"[46].

A HISTÓRIA ÍNTIMA DE UMA FAMÍLIA NEGRA LETRADA BRASILEIRA DO SÉCULO XIX

Na segunda metade do século XIX, Guimarães possuía um dos maiores números de cativos da província do Maranhão. Os colegas de Maria Firmina dos Reis no serviço público, por exemplo, eram todos proprietários de escravos. Em decorrência disso, Martiniano, seu tio, também comprou uma escrava de serviços domésticos para Leonor - a Lauriana Ritta da Natividade[47].

Lauriana Natividade foi trazida da África em navio negreiro. Ela nasceu na costa ocidental africana e faleceu no Maranhão aos 85 anos; o seu registro de óbito é de 18 de abril de 1891. Lauriana teve alguns filhos: Guilhermina, Doroteu, Manfredo, Isidoro, Nestor e Miguel.

Guilhermina Amélia dos Reis foi escrava da tia Henriqueta de Maria Firmina e deu alguns netos à Lauriana. Ela deu à luz Maria Amélia de Avelar, que foi batizada em 14 de dezembro de 1856. Otávia, batizada em 04 de abril de 1858, além de Vanda e Óton. Otávia faleceu aos 45 anos, em 14 de agosto de 1902. As filhas de Guilhermina foram todas alfabetizadas por Maria Firmina dos Reis.

Miguel nasceu em 29 de setembro de 1867, ele era afilhado de Maria Firmina e foi matriculado na escola pública. Miguel era um filho prestativo, ele foi buscar Firmina quando ela esteve doente

---

[46] FERREIRA da SILVA, Denise. *A dívida impagável*. Casa do Povo, São Paulo: 2019.
[47] Todas as informações sobre os filhos socioafetivos de Maria Firmina dos Reis foram colhidas do livro já citado de Agenor Gomes.

em Maçaricó. Assim como Óton que, no começo do século XX, passa a receber os salários de Maria Firmina por procuração. Miguel morre em 1901, no Pará. Maria Firmina registra vários fatos sobre ele em Álbum[48].

A escritora Maria Firmina dos Reis considerava Guilhermina como uma irmã. Depois que Guilhermina falece em 5 de novembro de 1884, Maria Firmina passa a criar os seus filhos e o seus netos. Guilhermina teve uma neta chamada Leonor que faleceu em 1901 e deixou Artur, Antônio, Djalma e Guilhermina (mesmo nome da avó) também aos cuidados de Firmina.

Leude e Hugo foram os filhos de Maria Amélia que Maria Firmina também ajudou a criar. Nhazinha Goulart, apelido de Dolores dos Reis Costa Goulart (1891-1892), era neta de Balduína e, igualmente, foi criada pela escritora.

Além desses, alguns de seus filhos morreram ainda crianças, como foram os casos de Vicente, Renato e Benjamim.

Em artigo de 2008, intitulado "Vênus em dois atos"[49], Saidiya Hartman aborda a questão da escassez de narrativas africanas sobre o cativeiro e a escravização. Assim, para preencher essa ausência, a autora investe na elaboração de representações das vidas de pessoas escravizadas - essas pessoas esquecidas e sem nomes, que não constam nos arquivos da história -, tratando-se, portanto, de um trabalho de exumação de existências.

Para Saidiya Hartman, a pergunta fundamental que deve guiar esse tipo de empreendimento está posta no campo da *ética da representação histórica* e pode ser formulada da seguinte maneira:

---

[48] Idem, p. 138.
[49] HARTMAN, Saidiya. Vênus em dois atos (tradução: Fernanda silva e Sousa). Dossiê Crise, Feminismo e Comunicação, v. 23, n. 3, 2020, pp. 12-33.

Como se revisita as cenas de sujeição sem replicar a gramática da violência?

Ela afirma que o exercício de narrar contra-Histórias da escravidão é algo inseparável da escrita de uma História do presente, exatamente porque esse projeto exige que se coloque em primeiro plano a experiência das pessoas escravizadas, e ao se fazer isso, fabricam-se, também, testemunhas atuais dessa história.

Assim, se tais relatos nunca se instalam como História oficial, automaticamente, eles se convertem em uma forma de perturbação do arquivo. Dessa forma, a História dos projetos contra-Históricos se funda na constituição de narrativas insurgentes que revelam que "transparência das fontes" não são nada mais que ficções da História. Portanto, para Hartman, torna-se urgente:

> Trabalhar para pintar o quadro mais completo possível das vidas de cativos e cativas. Este gesto duplo pode ser descrito como um esforço contra os limites do arquivo para escrever uma História cultural do cativeiro e, ao mesmo tempo, uma encenação da impossibilidade de representar as vidas dos cativos e cativas precisamente por meio do processo de narração[50].

Pensando assim, o diário de Maria Firmina dos Reis se converte em *arquivo insurgente*, tirando do limbo trajetórias silenciadas, como a de seu filho afetivo Miguel:

> No dia 4 de maio, Miguel entrou na escola de primeiras letras do professor Daniel Vítor Coutinho. [1875?]
> Otávia embarcou, e Sinhá, de viagem para a capital no vapor "Maranhão", a 28 de maio de 1884. Zuíla também foi e voltou com o pai a 5 do mesmo. Guilhermina chegou bastante mal a 24 de julho. Marioz

---

[50] Idem, p.28.

e Miguel foram buscar no Maçaricó. Otávia chegou aqui a 12 de setembro, e voltou no "Gurupi" a 25 de novembro [...] de 84.

Miguel embarcou aqui no "Império" a 30 de novembro de 1884, com 17 anos de idade. Permaneceu na capital do Maranhão 2 anos e seguiu para o Sul a bordo do vapor "Purus" a 10 de dezembro de 1887. Deus e N. Senhora o protejam e o abençoem.

Miguel de volta do Sul chegou à capital a bordo do Purus a 10 de dezembro de 1888, e seguiu para o Norte no mesmo navio a 14 do mesmo mês, e ano. Aqui e em qualquer parte, que Deus o abençoe.

Miguel, Otávio e Vanda chegaram a esta cidade de Guimarães a 18 de maio de 1892. Miguel regressou a 8 de junho, tendo estado conosco 2 meses, menos 10 dias. Deus o abençoe e o faça feliz. Otávia e Oton e Leonor seguiram a 1º de agosto de mesmo ano de 92.

Miguel e Oton chegaram a 28 de março de 1895; Miguel para realizar o batizado de Margarida. Oton vindo despedir-se de mim em viagem para o Pará. Deus, fazei-os felizes! São estes os meus votos. Abençoai--os, Senhor, guiai-os e protegei-os pelo Nosso Amor. Permiti, Senhor ainda uma vez os torne a ver. M. F. REIS

Oton e Miguel seguiram para o Pará a bordo do "Ocidente" em 7 de setembro de 1898. Deus os proteja. Amém.

Vandoca foi para a casa de Zuíla, em [São Luís do] Maranhão a 22 de agosto de 98. Miguel a Arthur a 19 de novembro de 1898.

Miguel morreu a 3 de dezembro do mesmo ano, 1901, no Pará. Longe de mim, e todos os seus! Ah! com ele estava, Deus. Meu filho! meu querido filho!...

Ao retirarmos os fragmentos de memórias que Maria Firmina dos Reis registrou em seu diário sobre o seu filho de criação, a existência de Miguel salta à tela com cores vivas e presentes, pois podemos acompanhar um pouco de sua existência, como: o primeiro dia na escola; o nome de seu professor; sua movimentação pelo espaço geográfico deslocando-se com frequência para a capital, para o interior, para o sul ou para o norte do país; suas parcerias de viagens; as visitas, os encontros, as despedidas, as saudades e os afetos.

Saidiya Hartman propõe para a realização desse trabalho o método da *fabulação crítica*. A *fabulação crítica* consiste na elaboração de "narrativas recombinantes" que "enlaçam os fios" de relatos e que tecem presente, passado e futuro, para recontar histórias e narrar o tempo da escravidão como o nosso presente. Para ela, podem-se considerar essas histórias recombinadas como uma forma de reparação histórica e, talvez, salienta a autora, essa seja a mais importante das reparações.

MARIA FIRMINA DOS REIS – UMA MULHER PRÉ-ABOLICIONISTA

A pesquisa documental empreendida por Agenor Gomes revelou também aspectos mais conturbados das relações desse ramo da família Reis. Mãe e filha adotavam posturas e posicionamentos diferentes com relação à escravidão. Maria Firmina dos Reis estava sempre arquitetando estratégias de intervenção na sua realidade, e, consequentemente, aplicava as suas concepções em suas práticas cotidianas. Assim, ela conseguiu alforriar as cativas de Leonor, mesmo à sua revelia (caso semelhante já havia acontecido no episódio do palanquim):

> Quando nasceram Maria Amélia e Otávia, filhas de Guilhermina, Maria Firmina antecipou-se a sua Mãe Leonor na alforria das duas crianças. Juridicamente, a professora ainda não poderia alforriá-las. Só poderia fazê-lo após a morte de Leonor, quando se operasse a sucessão, ou por meio da procuração. Cabia ao proprietário efetivar a manumissão.
> [...] A professora, então, aproveitou-se do batizado de Maria Amélia, em 14 de dezembro de 1856, para conceder-lhe a alforria na pia batismal, sem procuração assinada por sua mãe Leonor, passando-se como proprietária. Declarou ao padre que 'dava plena liberdade como se

de ventre livre nascesse a inocente Maria". O mesmo aconteceu com Otávia, em 4 de abril de 1858.

[...] Leonor só regulariza a situação jurídica das duas crinças quando registra a carta de liberdade de Guilhermina, em 1862 [51].

Quando Guilhermina foi alforriada em 18 de novembro de 1862, ela não sabia escrever, tinha 29 anos e duas filhas, uma de sete e outra de nove anos. Leonor Felipa, a mãe de Maria Firmina, irá falecer em 1866, só neste ano, então, Guilhermina receberá a sua liberdade definitiva. Leonor libertará Izidoro e Nestor, irmãos de Guilhermina, em 10 de dezembro de 1863.

Maria Firmina divergia, em seus posicionamentos políticos, não apenas de sua mãe, mas de seu pai também. O pai da escritora, o senhor João Pedro Esteves[52], como já dissemos, tinha sido sócio do ex-proprietário da avó e da mãe de Firmina. Em 1820, ele desfaz essa sociedade (que incluía tráfico de escravos) e no ano seguinte, torna-se furriel da Companhia Franca do Maranhão. Ele Ficou do lado português nas lutas pela Independência, assim, como João Nogueira de Sousa, seu colega da Companhia de Cavalaria, que foi padrinho de Firmina. São Luís, Alcântara e Guimarães foram as últimas localidades do Maranhão a aderir a Independência do Brasil com relação a Portugal. Depois de consolidada a Independência, João Pedro Esteves se alinha ao novo regime e, como militar, integrará a 1ª e 2ª linhas da Província do Maranhão e, eventualmente, integrará o Conselho de Jurados da comarca de São Luís.

Bem diferente do pai foi o posicionamento de Maria Firmina com relação às instituições imperiais, as evidências nos levam a crer que Maria Firmina dos Reis foi uma republicana:

---

[51] GOMES, 2022, 136-137.
[52] O seu nome está no registro de óbito da escritora. O filho de criação de Firmina, Manfredo Olímpio da Costa, declarou no momento do registro de óbito que Firmina foi filha reconhecida de João Pedro Esteves.

> Na obra da romancista não se registram dedicatórias a integrantes e autoridades do Império, como era praxe ocorrer com escritores do Oitocentos, a exemplo de Sotero dos Reis e César Marques. Já no novo regime, Maria Firmina dedicará um poema ao chefe do partido republicano do vizinho Estado do Pará, publicado no jornal *17 de Dezembro*, órgão do Clube União e Perseverança [...]
> Afora o poema destinado ao presidente do partido Republicano do Pará, Maria Firmina, em 15 de novembro de 1910, enviou uma saudação ao Governador do Maranhão, por ocasião do 21º aniversário da proclamação da República[53].

Enfim, Maria Firmina dos Reis teve cerca de quinze filhos de criação, entre eles, uma criança órfã que lhe foi confiada. "Todos os seus filhos foram alfabetizados"[54]:

> Renato – creio que assim se chamará o pequeno órfão que recebi para não mais aleitar. Inocentinho coitado! Nasceu a 6 de dezembro de 1862. No dia 11 do mesmo mês, Deus foi servido para seus insondáveis mistérios chamar-lhe a mãe. Foi no dia 17 do mesmo setembro [dezembro?] que me vieram entregar. Deus e a Virgem Santa o protejam. Sinhá ignora o nome ainda, o nome que terá na pia batismal a inocentinha criança que me foi confiada por pessoa que por ela se interessava em Alcântara, a 30 de janeiro de 1863. Talvez um dia a reclamem a seus pais: foi essa a condição com que ma confiaram.
> Sem data[55]

A FAMÍLIA E A OBRA - PEDIDOS E OFERECIDOS

A escritora Maria Firmina dos Reis também realizou produções literárias para seus filhos e parentes, espontaneamente ou a pedidos. Isso mostra que a família teve relativa participação na produção artística da autora, inspirando-lhe temas e formas.

---

[53] GOMES, 2022, p.256-257.
[54] Idem, p. 140.
[55] Álbum. MORAIS FILHO, 1975, n.p.

Em *Cantos à beira-mar*, o primeiro poema foi dedicado a sua mãe, Leonor Felipa, e o segundo poema foi dedicado ao seu tio Francisco Sotero dos Reis.

Maria Firmina fez poemas para as filhas de criação Otávia e Maria Amélia, para a amiga/irmã Guilhermina, para o filho Renato e também para Adelson, filho de Maria Amália Goulart.

Um dia, Otávia pediu em nome das outras companheiras cativas "Mamanquinha (como era intimamente chamada), faz um meu Bumba meu boi?" Firmina não se fez de rogada. Escreveu a letra e música. Otávia foi a vaqueira e Leonor a companheira"[56].

Quando Vicente faleceu, Maria Firmina deixou-lhe em homenagem o poema "Um Suspiro...Uma Recordação!" em seu diário. E, por sua vez, o último registro de Álbum é exatamente a anotação de um poema que Óton deixou dedicado à sua mãe.

Possivelmente, Maria Firmina dos Reis cresceu ouvindo os relatos do cativeiro narrados por sua avó Engrácia e por sua mãe Leonor. Lauriana Natividade também fez a travessia, provavelmente, "as narrativas dos dramas da viagem atlântica nos porões dos navios foram acrescidas pelas histórias contadas pela escrava Lauriana, mãe de Guilhermina [57]".

Essas histórias podem ter servido de inspiração para a autora estruturar a sua própria narrativa e para, a partir dela, alargar o seu campo de vista, que se estendeu para além dos limites impostos pelo imaginário literário do século XIX.

---

[56] MORAIS FILHO, 1975, n.p.
[57] GOMES, 2022, p. 31. Segundo Agenos Gomes, o registro da Carta de Liberdade da "mulata" Guilhermina, alude a sua senhora Leonor e menciona o nome da mãe de Guilhermina, a Lauriana.

ARQUEOLOGIA LITERÁRIA – O TRABALHO COM AS FONTES DE PESQUISA

O que conhecíamos sobre a trajetória biográfica de Maria Firmina dos Reis até a publicação da biografia *Maria Firmina dos Reis e o cotidiano da escravidão no Brasil*, lançada por Agenor Gomes em março de 2022, provinha das narrativas de Sacramento Blake, que em 1900 pesquisou informações sobre nascimento, morte, profissão, aposentadoria e produção literária da autora; essas informações foram expandidas depois por Nascimento Morais Filho[58], um estudioso que, durante uma pesquisa, *descobriu* por acaso a romancista maranhense em anúncios de jornais do século XIX que divulgavam o romance *Úrsula*.

Diante dessa descoberta, o pesquisador partiu em busca de documentação para reconstruir a trajetória da escritora. Os resultados de sua pesquisa foram publicados em 1975, em *Maria Firmina dos Reis: fragmentos de uma vida* – um livro que integra os dados que ele obteve por meio de diversas fontes, com vistas a recuperar a produção artística e realizar um trabalho biográfico sobre Maria Firmina.

É importante ressaltar aqui que a noção de *trajetória* se diferencia da de *biografia*, "concebida como integração retrospectiva de toda a história pessoal do 'criador' em um projeto puramente estético"; assim, "toda trajetória social deve ser compreendida como uma maneira singular de percorrer o espaço social". As afirmações são do sociólogo francês Pierre Bourdieu[59], e nos chamam a atenção para o fato de que os eventos biográficos não se concatenam de forma

---

[58] Escritor, poeta, ensaísta, pesquisador e folclorista maranhense.
[59] BOURDIEU, Pierre. *As Regras da Arte*: gênese e estrutura do campo literário. São Paulo: Companhia das Letras, 1996; pp.217 e 292.

progressiva perfazendo um conjunto coeso de significados; antes, são construídos *a posteriori*, motivados pela necessidade (tácita) de se atribuir um sentido coerente às ações humanas, constituindo, segundo o autor, uma ilusão biográfica, ou seja, o que há de fato é uma "criação artificial de sentido"[60].

Assim, a rigor, pode-se entender que não existe uma sequência cronológica e lógica dos acontecimentos da vida de uma pessoa, mas sim, de acordo com Bourdieu, etapas de "envelhecimento social", o qual pode ser medido pelo número de alternativas decisivas à disposição dos agentes, estas podendo ser compreendidas como trunfos sociais que são ao mesmo tempo recursos de poder.

Disto isto, compreendemos que Morais Filho procurou alinhavar os dados que obteve em jornais, revistas e registros cartoriais, com os relatos de moradores de Guimarães, de filhos de criação e de ex-alunos da escritora, além de fragmentos do diário de Maria Firmina, buscando construir um relato coerente sobre a vida da autora. Os resultados dessa pesquisa, desde então, tem sido ponto de referência para estudiosos que vem buscando trabalhar, de diferentes formas, esses elementos.

É importante ressaltar que fica evidente nessa pesquisa que, ao olharmos apenas para as fontes jornalísticas e documentais, torna-se muito difícil elucidar alguns aspectos da trajetória de Firmina, por isso, os dados orais levantados por Morais Filho ganham relevância ao permitirem percorrer o local de nascimento da autora, incorporando maiores detalhes dos arredores, tornando-o mais rico de elementos sociológicos e culturais.

---

[60] BOURDIEU, Pierre. "A ilusão biográfica". In: AMADO, Janaina & FERREIRA, Marieta M. (orgs.). *Usos e abusos da história oral*. Rio de Janeiro: Fundação Getúlio Vargas, 1996; pp. 190.

Dando continuidade a metodologia desenvolvida por Morais Filho, Agenor Gomes, em pesquisa iniciada em 2018, traz à luz documentos inéditos sobre a vida de Maria Firmina e de sua família. Ele realizou um levantamento rigoroso de fontes primárias consultando Arquivos públicos, como a Serventia Extrajuducial de Guimrães e Diocese de Pinheiro; Arquivo Público do Maranhão; Arquivo do Tribunal de Justiça do Maranhão; Biblioteca Pública Benedito Leite; Biblioteca Nacional; Arquivo Nacional; de examinar jornais e periódicos oitocentistas. Trabalhou também com documentos cartoriais como livro de registro de notas, (escrituras de casas), inventários, procurações, registros de nascimentos, batismos, óbitos e casamentos. Além de realizar entrevistas com moradores da cidade de Guimarães, que detalharam aspectos dos espaços físicos, residências e escolas em que a autora atuou.

O QUE OS ARQUIVOS CONTAM SOBRE AS TRAJETÓRIAS SOCIAIS DOS FILHOS AFETIVOS DE MARIA FIRMINA DOS REIS?

Consultando o registro de óbito de Doroteu Juvenal da Costa, de 13/08/1889, filho da ex-escrava Lauriana, Agenor Gomes descobriu que ele trabalhou como alfaiate e sapateiro. Maria Firmina recebeu os pêsames por sua morte em nota publicada no jornal *Pacotilha*, em 20/08/1889, dedicada por Daniel de Jesus Cardoso.

Em um registro de óbito de 18/07/1909, de Izabel, uma criança de sete anos, Agenor Gomes encontrou Manfredo Olympio da Costa como declarante, na ocasião, ele era porteiro no cemitério do Santíssimo Sacramento.

No registro de nascimento de Leude Guimarães de 17/04/1884, nosso velho conhecido dos tempos da pesquisa pioneira de Nascimento Morais Filho, Agenor encontra a informação de que Maria Amélia era costureira. No jornal *Diário do Maranhão*, ele encontrará Leude listado entre os auxiliares do *Teatro Recreio Dramático*, será por meio dos jornais também que ele saberá que Leude ocupou o cargo de juiz suplente e coletor federal na cidade de Pinheiro, vizinha de Guimarães.

Consultando o Jornal *Pacotilha*, de 6/02/1929, Agenor constatou que Óton, filho da ex-escrava Otávia, foi aprovado para escriturário da Secretaria Estadual da Fazenda, em São Luís.

...

De uma forma geral, vimos que em vida, Maria Firmina dos Reis foi reconhecida mais por sua produção poética, entretanto, depois de ter passado muitas décadas silenciada, atualmente, é a sua faceta como romancista que se sobressai.

Segundo alguns pesquisadores[61], o desconhecimento posterior sobre Maria Firmina advém de sua dupla condição de gênero e de raça. Eduardo de Assis Duarte[62], no posfácio à quarta edição de *Úrsula*, afirma que os elementos determinantes do silenciamento estabelecido em torno da produção literária de Firmina dos Reis foram fundamentalmente: 1) a ausência de assinatura, 2) a indicação de autoria feminina, 3) a distante localização geográfica, e, por fim, 4) o tratamento inovador dado ao tema da escravidão no contexto do patriarcado brasileiro.

Este último ponto consiste numa contribuição importante

---

[61] DUARTE, 2004; MUZART, 2000; SILVA, 2013.
[62] DUARTE, Eduardo de Assis. Maria Firmina dos Reis e os Primórdios da Ficção Afro-brasileira. [Posfácio] In: REIS, Maria Firmina dos. *Úrsula*: A escrava. Florianópolis: Ed. Mulheres; Belo Horizonte: Puc Minas, 2004.

do romance firminiano para os estudos literários. Régia Agostinho da Silva[63] entende que houve um silenciamento com relação ao conteúdo antiescravista da obra, por ter sido um pensamento avançado para o período. Nesse sentido, nota-se que são justamente os aspectos inovadores ou questionadores de uma determinada modalidade de fazer literário em termos de gênero textual ao menos, que contribuíram para o esquecimento da obra e da artista.

Para a grande pesquisadora da literatura de autoria feminina Zahidé Lupinacci Muzart, o romance *Úrsula* "por ter sido editado na periferia, longe da Corte, e por ser de uma mulher e negra, lastimavelmente, não teve maior repercussão"[64]. Ou seja, enquanto alguns pesquisadores acentuam o gênero da escritora como fator da exclusão, outros frisam também sua negritude. O fato é que Firmina era ambos: mulher e negra num século em que a condição de escritor não era comum para alguém com tais marcadores sociais.

Vale destacar ainda que foi na ilha de São Luís do Maranhão, famosa por ser o berço de escritores como Gonçalves Dias e Aluísio de Azevedo, que Maria Firmina dos passou toda a sua infância e adolescência; mas foi na remota vilazinha maranhense de Guimarães, terra natal de Sousândrade, que passou toda sua vida e produziu sua pioneira obra literária. Entretanto, diferente do que aconteceu com seus conterrâneos homens, a ela não foi dado o mesmo privilégio deles - o de ser reconhecida nacionalmente como escritora.

---

[63] SILVA, Régia Agostinho da. *A escravidão no Maranhão*: Maria Firmina dos Reis e a representação sobre escravidão e mulheres no Maranhão na segunda metade do século XIX. Tese de Doutorado (Programa de Pós-Graduação em História Econômica). Faculdade de Filosofia, Letras e Ciências Humanas da Universidade de São Paulo, 2013.

[64] MUZART, Zahidé Lupinacci. Maria Firmina dos Reis. In MUZART, Z. L. (Org). *Escritoras brasileiras do século XIX*. Florianópolis: Editora Mulheres, 2000. p.266.

Apesar disso, Firmina recebeu, ainda em vida, menção à sua obra além dos limites do Estado do Maranhão. Em quatro de novembro de 1871, o Jornal *Espírito Santense* (ES) mencionou seu livro de poemas *Cantos à beira-mar* e o romance *Úrsula*[65]. Em 11 de Janeiro de 1901, o *Diário do Maranhão* informou que um poema de título desconhecido integrou a edição de número 3, de *O 17 de Dezembro* (órgão oficial do Club União e Perseverança, do Pará), sendo este o único poema de Maria Firmina publicado fora do Maranhão[66]. O nome de Maria Firmina dos Reis ainda aparece citado em um artigo veiculado pela revista *A Faceira* (RJ), de 1914, publicado sob o título *Poetisas Brasileiras*, escrito por Carmen Unzer, também escritora no início do século XX.

A relevância da atuação literária e intelectual de Firmina pode ser atestada também em outros dois episódios divulgados em jornais da época. O primeiro é o anúncio veiculado no *Publicador Maranhense*, de primeiro de março de 1862, seção *Noticiário*, em um *anúncio de publicação do livro A Virgem da Tapera*, de João Clímaco, *oferecido à* "Exmª Srª D. Maria Firmina"[67]. O segundo episódio trata-se de uma visita de cortesia do governador do Maranhão Luís Domingues[68], que ocupou o cargo de 1910 a 1914, à "distinta poetisa Maria Firmina dos Reis", denotando o prestígio e reputação que a escritora alcançou no Maranhão. O jornal *A Pacotilha* reportou

---

[65] Disponível em: http://memoria.bn.br/docreader/DocReader.aspx?bib=217611&pagfis=270. Acesso em outubro de 2022.
[66] Disponível em: http://memoria.bn.br/docreader/720011/32887. Acesso em outubro de 2022.
[67] Disponível em: http://memoria.bn.br/pdf/720089/per720089_1862_00049.pdf. Acesso em outubro de 2022.
[68] Luís Domingues participava de manifestações pela abolição da escravidão na juventude. Ele estava percorrendo municípios do litoral e Firmina já com dificuldades para enxergar e se locomover sozinha. O Governador decide, então, contratar uma cuidadora para a escritora (Cf. Gomes, p.276). Ver: *Pacotilha*, 16/01/1911, p.1. Disponível em: http://memoria.bn.br/docreader/DocReader.aspx?bib=168319_02&pesq=firmina&pagfis=1415. Acesso em outubro de 2022.

essa notícia em 16 de janeiro de 1911, na seção sobre informe se Guimarães[69].

Maria Firmina dos Reis foi uma mulher negra intelectual pioneira do século XIX, e sem dúvida, uma intérprete do Brasil. Ela se destacou por contribuir pioneiramente nos campos da educação, da literatura e do direito das pessoas negras escravizadas no Brasil do século XIX.

---

[69] Disponível em: http://memoria.bn.br/docreader/DocReader.aspx?bib=168319_02&pagfis=1415&pesq=firmina.

1.2 CARTA À EXMA. PROFESSORA MARIA FIRMINA DOS REIS[70]

Americana, 27 de novembro de 2021

Salve! Querida Professora Maria Firmina dos Reis.

Imagino que você deva estar bastante surpresa com tudo o que tem acontecido por aqui, no Brasil do século XXI, principalmente com relação aos caminhos que tua obra tem tomado. Evidentemente, muita coisa mudou desde o XIX, mas teus pensamentos e ensinamentos ainda continuam bastante atuais. Você é uma mulher inspiradora! E é exatamente por isso que eu te escrevo esta carta.

Eu te conheci de uma forma um tanto insubordinada. Eu era professora de Sociologia da rede pública de São Paulo, e assim como várias pessoas professoras, eu trabalhava em três períodos diferentes: manhã, tarde e noite e não necessariamente nesta ordem (rs). Em um final de tarde, eu estava a caminho da escola em que eu trabalhava quando encontrei uma amiga, a Roseleine, que também é professora, ela me disse que estava acontecendo o lançamento de um livro muito importante e que eu não deveria perder. Fiquei na dúvida se seria uma boa ideia, afinal, naquela noite trabalharia

---

[70] Publicado originalmente na Revista Lucía. Ver: DIOGO, Luciana Martins. "Carta à Exma. professora Maria Firmina dos Reis". *Lucía - revista feminista de cultura visual e tradução*, v. 2, p. 05-20, 2022.

com umas cinco turmas e, dessa forma, ao menos 100 estudantes ficariam sem minhas aulas – e isso num sistema já tão carente de estrutura material e de professoras e professores; mas ela estava bem empolgada, conseguiu me convencer. Hoje eu sou imensamente grata a ela por isso!

O lançamento aconteceu no auditório da faculdade de História e Geografia da Universidade de São Paulo, mais conhecida como USP. Eu e ela estudávamos lá, e, além disso, morávamos lá também, na moradia universitária, em um bloco de apartamentos especialmente adaptado para estudantes com filhas/os – o Bloco das Mães. Sim, Firmina, nós insistimos em traçar nossas carreiras acadêmicas concomitantemente com a maternidade, assim como você, que adotou diversas crianças enquanto avançava na tua carreira de professora e escritora, e também como você, tivemos que elaborar várias estratégias de estudos, cuidados e afetos. Fazia parte dos estudos e cuidados levar umas às outras a eventos imperdíveis. Então, fomos nós duas ao lançamento.

Era dezembro de 2011, juntamo-nos a outras tantas pessoas que aguardavam a professora Maria Nazareth Fonseca e o professor Eduardo de Assis Duarte[71] iniciarem o evento. Para minha surpresa, estávamos no lançamento não de apenas um livro, mas de uma coletânea com quatro volumes intitulada *Literatura e afrodescendência no Brasil: antologia crítica*. Essa coleção foi resultado de uma pesquisa realizada desde 2001 que mapeou o estudo da literatura produzi-

---

[71] Maria Nazareth Fonseca é Doutora em Literatura Comparada pela Universidade Federal de Minas Gerais, professora do Programa de Pós-graduação em Letras da PUCMinas e professora aposentada da UFMG, responsável pela área de Literaturas Africanas de Língua Portuguesa. Eduardo de Assis Duarte possui graduação em Letras pela UFMG (1973), mestrado em Literatura Brasileira pela PUC do Rio de Janeiro (1978) e doutorado em Teoria da Literatura e Literatura Comparada pela USP (1991). Cumpriu programas de Pós-doutorado na UNICAMP e na UFF. Aposentado em 2005, mantém vínculo voluntário com a UFMG, atuando como professor colaborador do Programa de Pós-graduação em Letras: Estudos Literários.

da pelos afrodescendentes desde o período colonial, em todas as regiões do nosso país. Esse trabalho contou com a colaboração de 65 pessoas pesquisadoras, vinculadas a mais de vinte universidades nacionais e seis estrangeiras. Monumental!

Ficamos loucas para ter esse material. Então, enquanto minha amiga ficou segurando duas caixas, uma para mim e outra para ela, eu corri até a praça dos bancos, que ficava a uns cinco minutos à pé dali, saquei o dinheiro necessário antes que desse dez da noite, horário em que os caixas eletrônicos encerravam o funcionamento, e voltei apressadamente para a FFLCH[72] para, enfim, sairmos de lá com nossas caixas de surpresas. E foi logo no primeiro volume chamado *Precursores* que eu te encontrei. Você estava na página 111 e na página 114 fiquei sabendo que você tinha deixado um diário escrito entre 9 de janeiro de 1853 e 1º de abril de 1903 – minha cabeça explodiu. Era isso o que eu estava procurando! Nessa época, eu estava começando a pensar no meu projeto de mestrado e naquele momento soube que eu queria estudar literatura memorialista e você era A mulher.

A partir disso, mergulhei na tua história.

Mas não foi tão simples, foram necessários alguns anos de pesquisas, contatos e conversas para reunir algum material a teu respeito. Sabe, Firmina, a historiografia literária brasileira produziu muitos silenciamentos ao apresentar a literatura brasileira como sendo um campo eminentemente masculino e branco. Muitas escritoras fundadoras das nossas letras, como você, acabaram sendo esquecidas, mas estamos mudando isso hoje, e com muita

---

[72] Faculdade de Filosofia, Letras e Ciências Humanas da Universidade de São Paulo.

força. Dessa forma, saber sobre você é como montar um jogo de quebra-cabeças.

A primeira notícia que temos tua saiu no periódico maranhense *O Progresso: Jornal politico, litterario e commercial*, no dia 13 de agosto de 1847[73], informando que você tinha sido a única aprovada em um exame para a cadeira de Primeiras Letras do sexo feminino da Vila de Guimarães, um lugar do interior do Maranhão no qual você passou quase toda a tua vida. Fiquei me perguntando: Como uma mulher negra se tornou professora em uma época em que apenas uma pequena elite econômica tinha acesso à educação formal e ao letramento? Como se deu a tua trajetória intelectual? Como foi a tua infância? Que coisas você aprendia? Só você, querida, poderia me responder.

Abri, então, o seu diário. O ano era 1863, e ouvi a sua própria voz:

> *De uma compleição débil e acanhada, eu não podia deixar de ser uma criatura frágil, tímida e, por consequ ência, melancólica: uma espécie de educação freirática veio dar remate a estas disposições naturais. Encerrada na casa materna, que só conhecia o céu, as estrelas e as flores que minha avó cultivava com esmero; talvez por isso eu tanto amei as flores; foram elas o meu primeiro amor. Minha irmã... minha terna irmã e uma prima querida foram as minhas únicas amigas de infância; e, nos seus seios, eu derramava meus melancólicos e infantis queixumes; por ventura sem causa, mas já bem profundos.*
> *[...] Mas a infância passou, como passa para todo homem, e eu tive mais vigor e a vida adquiria mais forças; meu coração como que expandiu-se um pouco, vívidos raios de sol da adolescência.*
> *[...] A sucessão dos anos apagou-me o fogo do coração. Resfriou-me o ardor da mente, quebrou na haste a flor de minhas esperanças. [...] As ilusões fugiram, fugiram as esperanças, que me resta pois? Uma mãe querida e terna, uma*

---

[73] Acesse: http://memoria.bn.br/docreader/DocReader.aspx?bib=749982&pagfis=623

irmã desvelada e carinhosa. Ajudada por elas arrastarei o peso desta existência até despenhar-se na sepultura.
[...] quanta vez, meu Deus, a mente vai buscar todas essas fases da vida por que tenho passado! (MORAIS FILHO, 1975, np.).

Você tinha 38 anos quando fez essa espécie de revisão das etapas da tua vida e o título que você deu para esta anotação em seu álbum foi *Resumo da Minha vida*. Até por isso, você fez questão de dividi-la em três partes que revisitam a tua infância, adolescência e a tua juventude com os olhos de alguém que estava entrando na maturidade. Essa anotação é na verdade um texto poético, profundamente marcado pela estética romântica, tão presente na vida cultural do século XIX, e, assim, é todo envolto em um tom melancólico de cores sombrias - a melancolia era como um "espírito da época": você era uma mulher do seu tempo! e a partir dele, fabulava as suas representações.

Sabe, enquanto escrevo esta carta, fico imaginando você criança e, de tanto imaginar, consigo ver a menina Firmina correndo brandamente pelos canteiros de flores numa noite brilhante de estrelas: você se distrai contando-lhes seus segredos e ouvindo, em troca, esperanças. Foi assim também que eu a vi num sonho que eu tive no período em que eu estava escrevendo minha dissertação de mestrado sobre você. No sonho, eu ficava de longe vendo com curiosidade você com tua irmã e tua prima brincando no terreiro. Mas eu a via leve e alegre, o que não deixa de ser a representação da infância que o meu olhar de mulher do século XXI performa.

Entretanto, eu observo que o que você desejava mesmo enfatizar no teu texto era exatamente o lugar reservado à educação da mulher na sociedade brasileira oitocentista: o espaço do isolamento doméstico tão similar ao isolamento das freiras encasteladas em seus conventos. Você nos informa que viveu em um contexto de insulamento e que teve uma saúde frágil e uma vida profundamente marcada pela presença feminina. São alguns fragmentos que nos dão indícios sobre a educação que você recebeu.

Oito anos depois, em 7 de abril de 1871, você escreve à tua mãe uma espécie de carta dedicatória que abre o teu livro de poesias, *Cantos à beira-mar*. Nela, também consigo encontrar mais pistas sobre seu processo de letratento. Você diz assim:

> Minha Mãe! – as minhas poesias são tuas. [...] É **a ti** que **devo** o **cultivo de minha fraca inteligência**; – a ti, que despertaste em meu peito **o amor à literatura**; – e que um dia **me disseste: Canta!** Eis pois, minha mãe, o **fruto dos teus desvelos para comigo**; – eis as minhas poesias: – acolhe-as, abençoa-as do fundo do teu sepulcro. E ainda uma lágrima de saudade, – um gemido do coração... [74].

Aqui, a minha cabeça explode novamente.

A tua mãe se chamava Leonor Felipa dos Reis, o nome que consta em sua certidão de batismo e em sua certidão de óbito. Esses documentos foram levantados pelo pesquisador maranhense Nascimento Morais Filho, que é o grande responsável por reunir dados de sua biografia. Ele precisou fazer um trabalho de "arqueologia literária" para reconstruir a tua trajetória a partir dos poucos fragmentos que conseguiu encontrar. A partir dessa documentação, algumas pesquisas inferiram que sua mãe, a Leonor Felipa, seria uma mulher branca, portuguesa que havia se envolvido com um escravizado africano. Recentemente, há quatro anos para ser mais precisa, a professora Maria Raimunda Araújo (Mundinha Araújo), que foi diretora do Arquivo Público do Estado do Maranhão, chamou a

---

[74] REIS, 1976

atenção da pesquisadora Dilercy Adler[75] sobre um documento inédito que trazia mais informações sobre você e a tua mãe. Por meio desse documento, sabemos que Leonor na verdade era uma mulher mulata, alforriada que havia sido propriedade do Comendador Caetano José Teixeira, um comerciante e proprietário de terras do Maranhão.

Mais uma vez fiquei intrigada: como uma mulher escravizada havia conseguido alfabetizar a própria filha, cultivar a sua inteligência, despertar nela o amor pela literatura e incentivá-la a escrever, a cantar, a pensar? Quais foram as suas estratégias? Quais foram os seus métodos? Como ela mesma, antes de você, Firmina, conseguiu se tornar uma mulher letrada? As histórias de vida de vocês nos intrigam. São um caso bom para se pensar. Vocês realmente são figuras inspiradoras!

Outra coisa bastante curiosa sobre esse documento inédito foi a circunstância em que ele foi produzido. Trata-se do *Auto de Justificação do dia de nascimento*[76] e tem a ver com a sua admissão para a cadeira de professora em Guimarães.

No dia 27 de abril de 1847, o jornal *O Publicador Maranhense*, uma espécie de Diário Oficial, comunicava ao Inspetor de Instrução Pública[77], o senhor Francisco Sotero dos Reis[78], que o pedido de demissão da Cadeira de primeiras letras da Vila de Guimarães

---

[75] Pesquisadora da obra de Maria Firmina dos Reis e ocupante da cadeira nº. 08 da Academia Ludovicense de Letras, cuja patronesse é a própria Maria Firmina dos Reis.
[76] *Autos de Justificação do dia de nascimento de Maria Firmina dos Reis*, de 25 de junho de 1847, da Câmara Eclesiástica/Episcopal, série 26, Caixa nº. 114 – Documento-autos nº. 4.171; concluído no dia 13 de julho de 1847 (ADLER, 2017/2018).
[77] "Com a função de fiscalizar e controlar a instrução pública foi criada, em 1841, a Inspetoria Geral da Instrução Pública. A proposta do órgão era servir de apoio ao Estado, fiscalizando e inspecionando todas as escolas da Província; regulando e dirigindo o sistema e método prático de ensino, fazendo o regulamento das escolas, orientando os professores públicos e particulares e fazendo semestralmente relatórios sobre a educação (RELATÓRIO, 1841, p. 22). O cargo de inspetor de ensino ficou sob a responsabilidade do diretor do Liceu Maranhense (fundado em 1839), que nesta época era o professor de latim, Francisco Sotero dos Reis, influente intelectual maranhense durante o século XIX" (SANTOS, 2016).
[78] Francisco Sotero dos Reis exerceu a função de inspetor de ensino nos anos de 1838; 1848; 1849; 1850; 1858; 1863, é provável que ele tenha participado ou acompanhado o exame e realizado visitas às turmas sob responsabilidade da professora Maria Firmina dos Reis (SANTOS, 2016).

feito por D. Francisca Theodora de Mello havia sido concedido, deixando a vaga aberta[79].

Naquela época, não havia no Maranhão nenhuma instituição específica para formação profissional de professor e muito menos de professoras.[80] Assim, para ter acesso ao exame de admissão ao magistério público primário, era necessário que as pessoas que fossem se candidatar se enquadrassem no perfil da idade, moralidade e capacidade profissional, comprovada nos exames públicos (SANTOS, 2016, p.3 7). Você correspondia a todos esses pré-requisitos, menos um: o da idade. A idade mínima para se inscrever no exame era 25 anos, contudo, pela sua certidão de batismo, que era do dia 11 de outubro de 1825, você estava com apenas 22 na época, não poderia concorrer. Mas você tinha uma carta na manga.

Assim, no dia 25 de junho de 1847, você iniciou um processo para comprovar a tua idade[81]. Vinte dias depois[82], você recebeu um parecer negativo para a tua solicitação de inscrição no exame, sob a alegação de que não provava ser maior de 25 anos (CRUZ; MATOS; SILVA, 2018, p. 158). Mas após uma semana[83], finalmente, você foi admitida por provar ter nascido em 11 de março de 1822, sendo, portanto, maior de 25 anos, conforme a exigência para o exercício do magistério (CRUZ; MATOS; SILVA, 2018, p. 159).

---

[79] Acesse: http://memoria.bn.br/docreader/DocReader.aspx?bib=720089&pagfis=1927
[80] Isto só aconteceria no final do século XIX, com a criação efetiva de uma Escola Normal. Ver (SANTOS, 2016).
[81] Esse processo foi registrado nos *Autos de Justificação do dia de nascimento de Maria Firmina dos Reis*, de 25 de junho de 1847, da Câmara Eclesiástica/Episcopal, série 26, Caixa nº. 114 - Documento-autos nº. 4.171; concluído no dia 13 de julho; gerando uma *Certidão de Justificação de Batismo* (Fundo Arquidiocese - Certidão de Justificação de Maria Firmina dos Reis - Livro 298 – fl. 44v) oficializando a data de 11 de março de 1822 como a data de seu nascimento (ADLER, 2017, p. 59).
[82] 14 de julho de 1847.
[83] 21 de julho de 1847.

No dia 11 de agosto de 1847, você, então, disputou a vaga com *Úrsula* da Graça Araújo e Antônia Bárbara Nunes Barreto e foi a única aprovada. Imagino a tua felicidade, não é, minha querida amiga? Sim, depois de oito anos estudando tua história e tua obra, sinto que você é uma grande amiga minha, de outras épocas muito longínquas, mas que, de alguma forma, estamos ligadas pelas mesmas motivações.

A tua nomeação como professora foi registrada no Livro da Assembleia Provincial do Maranhão no dia 15 de outubro de 1847 (SANTOS, 2016, pp. 68-119). E isso é bastante curioso porque, atualmente, em todo o Brasil, nós comemoramos o dia das professoras e professores exatamente no dia 15 de outubro, e quem propôs essa data foi a deputada Antonieta de Barros, a primeira mulher negra eleita para um cargo político no Brasil. Ela foi a primeira e única deputada estadual de Santa Catarina, já em 1934, isso porque, Firmina, somente em 1932 foi garantido o direito às mulheres de votarem em eleições em nosso país. E assim como você, ela foi professora e jornalista. Que coincidência interessante, não é?

Como você sempre percebeu, as coisas no Brasil demoram a mudar. Foi apenas em 1827 que as mulheres adquiriram o direito à educação[84] e praticamente 100 anos depois, o direito ao voto e à participação política. Olhando para esse panorama, vemos que você foi uma mulher excepcional e revolucionária, porque participou ativamente da formação de mulheres e, dessa forma, colaborou com as transformações sociais que se seguiram.

Fico pensando em você no seu primeiro dia de aula: como

---

[84] Brasil. Decreto – Lei Imperial de 15 de outubro de 1827.

foi o teu encontro com as meninas da tua primeira turma? Quais eram as tuas expectativas? Quantas alunas tiveram a sorte de tê-la como professora ao longo de sua vida?

Posso tentar responder algumas dessas indagações.

Conseguimos saber, por exemplo, que, em 1859, você dava aulas para 11 meninas[85]; em 1863, você tinha quatorze alunas[86] e; em 1867, eram apenas oito alunas em tua turma[87].

A Pesquisadora Carla Sampaio dos Santos fez um mestrado lindo sobre sua trajetória como professora na Unicamp, uma importante universidade do Estado de São Paulo. Sim, Firmina, você tem sido estudada em diversas universidades em todo o nosso país e até no exterior! A cada ano, o número de teses e dissertações vem crescendo e diferentes aspectos da tua trajetória e de tua obra tem sido objeto de estudos de muitas mulheres. Você deve estar muito orgulhosa, não é?

Então, como eu estava dizendo, a Carla Santos investigou a tua carreira como professora e, para isso, pesquisou uma série de documentos oficiais sobre a educação no Maranhão do período imperial. Ela levantou dados que mostram que na Província do Maranhão, até o ano de 1881, que é o ano em que você se aposenta oficialmente, havia "117 escolas, das quais 40 para meninas e 77 para meninos, sendo a frequência de 6.306 alunos, respectivamente 1.204 para alunas e 6.102 para alunos" (SANTOS, 2016, p. 42). Vemos nestes números que foram poucas as classes de primeiras letras para o público feminino.

Neste ponto, posso te dizer que essa realidade mudou bas-

---

[85] De acordo com registro do "Almanack Administrativo, Mercantil e Industrial", de 09/09/1859. Disponível em: <http://memoria.bn.br/docreader/DocReader.aspx?bib=829188&pagfis=391>.
[86] Ver: OLIVEIRA, Paulo. Cronologia da História de Guimarães. 2ª Ed. Goiás: Editora Cegraf, 2008.
[87] *Publicador Maranhense*, de 6 de maio de 1867, com o título Gazetilha.

tante. Eu, por exemplo, lecionei Sociologia entre os anos de 2009 e 2013, na cidade de São Paulo, e por ser uma disciplina que retornou ao currículo oficial exatamente em 2009, era oferecida apenas uma aula por turma na semana; assim, para ter um salário minimamente razoável, eu já cheguei a ter 33 turmas em um único ano, e com isso, eu dava aulas para mais de mil alunas/os por semana! Imagine você as condições de trabalho das professoras e professores do século XXI... Com relação a isso, sei também que ser professora na segunda metade do XIX não era tão simples. De acordo com a Carla Santos, as condições estruturais nas quais você esteve inserida eram de baixos salários, de práticas punitivas e de controle cometidas ao professorado; os espaços utilizados para o ensino eram cedidos, emprestados ou mesmo de moradia; havia falta de docentes formadas, dificuldade na aplicabilidade das leis e ainda a falta de incentivo dos responsáveis para que as crianças estudassem. Nunca foi fácil e ainda hoje não é, mas ainda assim, seguimos!

Outra coisa que me intriga bastante é pensar no que você ensinava às tuas alunas. Na tua época, de modo geral, nas aulas do 1º grau vocês lecionavam leitura, escrita, as quatro operações fundamentais da aritmética sobre números inteiros quebrados e decimais, sistema métrico decimal, noções gerais de gramática portuguesa, catecismo e noções de história sagrada. Entretanto, os conteúdos eram selecionados por gênero, assim, as professoras deveriam acrescentar no ensino das moças, prendas necessárias às habilidades domésticas, de modo que as meninas também aprendiam a coser, talhar vestidos, bordar, toucar, pentear, fazer flores, enfeites, lavar, engomar, cozinhar... Eram atividades que possibilitavam também um ofício, além de aulas de etiqueta e dança social; entretanto, vocês deviam limitar o ensino das meninas às quatro operações de aritmética e excluir as noções de geometria.

Com relação a esses conteúdos, há algo bastante perturbador para pensarmos aqui e que a pesquisadora Carla Sampaio dos Santos destacou em sua dissertação. Ela mostra, Firmina, que o decreto imperial de 1827, que estabeleceu e regulou a instrução pública no país, em seu Art. 13º, instituía a igualdade salarial entre professoras e professores. Isso era muito bom! Mas,

> o que ficou previsto em Lei em termos de igualdade em relação aos ordenados e gratificações para as professoras, perdeu seu valor com a própria legislação posterior, no Art. 6º do decreto de 27 de agosto de 1831, o qual determinava que os salários previstos em lei só fossem repassados para professores habilitados nas matérias de ensino indicado na lei de 15 de outubro de 1827. Com isso, entendia-se que era possível excluir as professoras do benefício da isonomia salarial, por não serem habilitadas para o ensino da geometria[88]

Ou seja, desde sempre, os homens que faziam as regras sempre encontravam meios para manter as mulheres um passo atrás aos passos deles, o que atrapalhou bastante nossos projetos, mas também nos tornou aptas a sempre desenvolver estratégias para superá-los.

Depois de pensar no que você ensinava em tuas aulas, segue quase que naturalmente outra curiosidade: como você ensinava? Como eram os teus métodos? Como a professora Maria Firmina dos Reis agia no ambiente de ensino? Para vislumbrar essa cena, voltei ao livro *Maria Firmina: fragmentos de uma vida* e fui ver o que Nascimento Morais Filho tinha a nos dizer. Na verdade, ele não, mas as tuas alunas e alunos que deram depoimentos a ele, lá em 1974/75,

---

[88] SANTOS, 2016, p. 22.

enquanto ele elaborava a tua biografia. D. Eurídíce Barbosa Cardoso, por exemplo, tinha 91 anos nessa época e foi uma remanescente da aula mista que você fundou quando se aposentou, em 1881. Ela fez um relato bem interessante sobre a tua maneira de ensinar, ela disse assim a Morais Filho:

> Mestra Maria Firmina era enérgica, falava baixo, não aplicava castigos corporais, não ralhava: aconselhava. Estudei com ela por volta de 1891, mais ou menos. Éramos meninas e meninos, na mesma sala, estudando juntos. A aula funcionava pela manhã. E era em Maçaricó (MORAIS FILHO, 1975, np.).

A partir disso, o próprio Morais Filho tirou suas conclusões: para ele, você "era uma *mestra enérgica que* cobrava e exigia de seus alunos falando *baixo* e *não ralhava* um dedo neles por entender que o ensino não se aplicava de maneira efetiva com o uso de castigos, mas sim no diálogo"[89].

Gostei de saber um pouco sobre a tua postura nas aulas. Eu também fui assim enquanto dei aulas no estado, sempre fui uma professora que buscava a via do diálogo em vez das punições. Mas sabe Firmina, ainda hoje, muitas pessoas confundem isso com fraqueza e acham que devemos ser temidas por nossos alunos e alunas, como se isso fosse um índice de boa didática. Até nisso você nos dá aulas.

E esse empreendimento revolucionário que você teve a audácia de criar, hein? Você foi corajosa e visionária ao quebrar o cânone moral oficializado que segregava os sexos em aulas separadas. Sem dúvida, Firmina, você foi uma grande pensadora e uma grande transformadora das ideias e dos costumes. Admiro tanto tuas

---

[89] MORAIS FILHO, 1975, np.

atitudes e tua forma de trabalhar insubordinadamente, adentrando as brechas dos sistemas. Êh, Firmina, quanta firmeza você nos passa!

Bem, para ir caminhando para o final desta carta que te escrevo com tanta admiração, não posso deixar de destacar esse teu lado estrategista, que a Carla Santos percebeu tão brilhantemente ao se debruçar sobre a tua trajetória como professora. Ela afirma que você fez uso deliberado e consciente das prerrogativas das Leis da época para construir a sua prática na sala de aula.

Para demonstrar isso, ela identificou que no relatório de Instrução Pública Maranhense de 1877, o Diretor da Instrução Pública passou a permitir que meninos de 6 a 9 anos de idade pudessem frequentar escolas femininas, tendo como justificativa, se tratar de uma "[ideia] hoje muito aceita em todos os [países] como de grande proveito para o ensino dos meninos de tal idade"[90].

Então, você, inteligentíssima, se valeu dessa brecha e, três anos após desta medida ser estabelecida, você se aposentou e fundou uma aula mista em um barracão, no povoado de Maçaricó, na qual meninas e meninos estudavam juntos, como alternativa registrada pelo próprio inspetor de instrução, fazendo com que a tua iniciativa estivesse em conformidade com o exposto no relatório de 1877. Que grande sacada!

Firmina, sobre isso, o teu filho de criação, o Sr. Leude Guímarães, que também foi teu aluno, disse para o Morais Filho que você "ensinava as filhas do velho fazendeiro Domingo Mondego: Anica e Amália [...] e as filhas de João Damas de Azevêdo: Loló, Santa e Dona (que era tua afilhada também). Ele disse também que havia outras meninas e meninos, mas que não se lembrava dos nomes,

---

[90] RELATÓRIO, 1877, p. 38.

e que as aulas eram num barracão do velho Mondego que tinha engenho no 'Entre-Rio', pequeno povoado junto de Maçaricó"[91].

Outra filha de criação e aluna tua, a D. Nhazinha Goulart, também deu seu depoimento a Morais Filho; ela disse assim: "Eu me lembro que a gente ia com Maria Firmina num carro de boi e Pranchada era o pajem. As aulas eram dadas num barracão [...] Era todo mundo junto: meninos e meninas. Quem tinha posses pagava e quem não tinha não pagava".

Dizem que, oficialmente, você teve de encerrar essas aulas em 1883, porque a sociedade conservadora da época ficou escandalizada com os teus métodos. Pelo relato de Dona Eurídice, você, subversivamente, continuou lecionando por mais oito anos ainda, já que D. Eurídice afirmou ter estudado contigo por volta de 1891.

Você, Firmina, sempre contundente e desafiadora.

Ah, tem mais uma coisa que eu acho incrível nessa tua faceta de mulher estrategista. Além de você se utilizar da prerrogativa de sua função para fundar essa escola mista, você, igualmente, se utilizou amplamente de pedidos de afastamento de suas funções docentes por meio de licenças também para mergulhar na escrita de tuas obras, tendo em vista que alguns desses pedidos coincidem com as datas de publicação de teus livros: um em 1859, quando você publica o romance *Úrsula*.[92] E outro em 1871, quando *Cantos à beira-mar* é publicado[93]. Assim, a tua trajetória como escritora maranhense do século XIX se confunde com tua profissão docente.

---

[91] MORAIS FILHO, 1975, n.p.
[92] GOVERNO DA PROVINCIA. Expediente do dia 2 de setembro: "O vice – presidente da provincia resolve conceder á D. Maria Firmina dos Reis, professora publica de primeiras letras da Villa de Guimmarães, dois mezes de licença com os respectivos vencimentos para tratar de sua saúde onde lhe convier, devendo começar a gosar dela dentro do praso de vinte dias" [sic] (JORNAL DA TARDE, set. 1859).
[93] SECRETARIA DO GOVERNO. EXPEDIENTE DO DIA 14 DE MARÇO DE 1871. A Dr. inspector da instrucção publica – Sua Exc. o Sr. Presidente da provincia manda comunicar a V. S. que, por portaria d'esta data, resolveu prorogar por mais tres mezes no termo da lei n. 923 de julho de 1870 a licença que em 5 de agosto do mesmo anno foi concedida

Sim, Firmina, você, sem dúvida, foi uma professora/escritora ou uma escritora/professora que representou a sua relação com a educação por meio dos teus escritos. A Carla Santos defende que os seus discursos literários representam e visam a uma conscientização de quem a lê, principalmente, porque você apresenta os sujeitos sociais (a mulher, o negro e os indígenas) a partir do ponto de vista dos oprimidos. Para ela, as suas três obras literárias *Úrsula*, A Escrava e *Gupeva*, conformam grandes contribuições de caráter didático-pedagógico e moral que possibilitaram a educação no século XIX. Mas isso poderá ser assunto para uma próxima carta, não é mesmo?

Para me despedir de você, vou ficar com uma imagem muito especial que sua filha, a Nhazinha Goulart, deixou registrada no livro de Morais Filho. Ela conta que toda passeata tinha parada obrigatória na porta da sua casa:

"– Viva a Mestra Régia! Viva D. Maria Firmina!' gritavam.

E você "comovida agradecia a homenagem com um discurso de improviso". Ela ainda lembra que quando você aniversariava, as crianças eram levadas por suas mestras até a tua residência para cantarem, à porta na tua presença, já velhinha, um hino escolar que diziam ser teu. Depois, você se sentava numa cadeira e as crianças entravam para dar-lhe um abraço e, em troca, receber tua benção.

Dou-lhe um abraço e recebo a tua benção, professora Firmina!

Com admiração e gratidão,
Luciana Martins Diogo

à professora publica de primeiras letras do sexo feminino da freguezia de S. José de Guimarães, D. Maria Firmina dos Reis. (Jornal Publicador Maranhense, Março/1871).

1.3 CONTORNANDO O INVISÍVEL – UM RETRATO POSSÍVEL DE MARIA FIRMINA DOS REIS

Não foram encontrados retratos de Maria Firmina dos Reis. No entanto, os depoimentos dos informantes de Nascimento Morais Filho delineiam alguns hábitos, costumes e traços físicos que nos auxiliam na composição da aparência da escritora como num retrato.

Como exemplo da utilização das informações da pesquisa de Nascimento de Morais, na tentativa de reconstrução da imagem da escritora, ergueu-se um busto de Maria Firmina na Praça do Pantheon Maranhense, sendo ela a única mulher entre homens considerados importantes nas Letras ou na política do Maranhão.

Fig. 1: Flory Gama. Busto de Maria Firmina dos Reis. Museu Artístico e Histórico do Maranhão.

> Sobre o busto de Maria Firmina dos Reis, que foi feito levando em conta as informações coligidas por Nascimento de Morais Filho de ex-alunos e filhos adotivos da escritora,[...] em nada se parecendo uma mulher negra ou mulata. No entanto, os seios são bem avantajados, parece que o artista Flory Gama preocupou-se mais com o fato dela ser a única mulher a figurar no Panteon do que necessariamente seguir os perfis de uma identidade negra.[94]

A imagem (Fig.1) do busto deixa evidentes as observações contidas no trecho acima. Outro exemplo ao qual a pesquisadora Régia Agostinho nos chama atenção é para uma imagem existente na Câmara dos vereadores de Guimarães, "uma mulher burguesa, branca, diferente dos relatos que Nascimento de Morais Filho colheu em sua biografia"[95].

Fig. 2: Rogério Martins. Pintura ("Maria Firmina") na Câmara dos Vereadores de Guimarães – MA

---

[94] SILVA, Régia Agostinho da. *A escravidão no Maranhão:* Maria Firmina dos Reis e a representação sobre escravidão e mulheres no Maranhão na segunda metade do século XIX. Tese de Doutorado. Programa de Pós-Graduação em História Econômica pela Faculdade de Filosofia, Letras e Ciências Humanas da Universidade de São Paulo, 2013, p.97.
[95] Idem, p.103.

Para a historiadora, essa incerteza com relação à fisionomia da escritora levou a memória social a alguns enganos que talvez se assentem na conveniência de se pensar Maria Firmina com uma aparência embranquecida, quem sabe, mais condizente com a imagem de uma mulher tão importante no século XIX, como pode ser observado na imagem acima (Fig.2)[96].

Esses dois episódios relativos à construção da imagem de Maria Firmina dos Reis pela sociedade de Guimarães marcam a tentativa de, por meio da memória, contornar o invisível e elaborar um possível retrato da escritora, mas também nos leva a pensar rapidamente a respeito do "peso da dimensão estética na conformação do preconceito racial e do racismo"[97] ao embranquecê-la.

Tatiana Helena Pinto Lotierzo analisa a tela "A Redenção de Cam" (1895), de Modesto Brocos (1852-1936). "É um retrato de família marcado pelas distintas gradações de cor de pele entre seus membros, um movimento clareador que vai do negro (a avó) ao branco (o neto)". Numa tentativa de explorar as diferenças de gradação entre os tons de pele entre os personagens (marrom/negro, amarelo dourado, branco) e dessa forma, "movimenta um jogo de expectativas quanto à definição *racial* dessas figuras"[98].

A autora discute em que medida a pintura revela variáveis constitutivas de uma estética baseada em modos de ver imbricados no preconceito racial. Para ela, a pintura demonstra sua própria

---

[96] Régia Agostinho faz uma observação interessante para pensarmos as presentes representações da memória social acerca da artista, ela nos diz: "Ao chegarmos ao Arquivo Público do Maranhão para pesquisarmos sobre Maria Firmina, a primeira palavra da funcionária que lá trabalhava a bastante tempo foi: quase não temos nada sobre Maria Firmina dos Reis. Você sabe, ela era mulher e negra, logo não se registrou quase nada sobre ela, mesmo ela tendo tanta importância como escritora". SILVA, Régia Agostinho: 20013; p. 94.
[97] LOTIERZO, Tatiana H. P. *Contornos do invisível. Racismo e estética na pintura do último oitocentos*. Dissertação de Mestrado. Programa de Pós-Graduação em Antropologia Social da Faculdade de Filosofia, Letras e Ciências Humanas da Universidade de São Paulo; São Paulo: 2013, p. 25.
[98] Idem, p.24.

tese sobre o embranquecimento ao procurar atribuir uma forma explícita a uma ideia ainda incerta. Deste modo a pesquisadora nos chama a atenção para o "peso da dimensão estética na conformação do preconceito racial e do racismo, ao combinar atributos próprios à forma pictórica a um determinado entendimento das relações chamadas raciais no Brasil"[99].

Fig. 3: Modesto Brocos. **A redenção de Cam** (1895). Óleo sobre tela, 199 cmX 166 cm. Rio de Janeiro, Museu Nacional de Belas Artes.

---

[99] Idem, p. 25.

A tela (Fig. 3) foi pintada no início do período republicano brasileiro e pouco depois da emancipação. Segundo ela, o momento pós-abolicionista é marcado pela emergência de políticas relativas ao destino da população negra na ordem livre e republicana e também pela forte adesão ao racialismo na esfera pública, assim como pelas teorias raciais no campo da ciência, algumas das quais dizendo que o Brasil seria branco em três gerações.

Segundo a pesquisadora, Brocos foi reconhecido pelos críticos do período como um artista que se dedicou ao estudo e pintura de personagens negras. Acerca da composição das figuras negras femininas, Tatiana discute possíveis convergências entre constituição corporal, disposições de gênero, cor, gestual, postural, indumentária e as relações entre si e com o meio.

Para isso, ela questiona em que medida certas *tópicas* e *esquemas* comuns à composição das personagens negras femininas constituem em disposições estéticas como:

> Determinada maneira de sentar-se de cócoras no chão; pés descalços; uso de roupas e adereços convencionalmente associados à origem africana, ou não; trajes brancos; e uma tendência a explorar tons quentes, alusivos à terra não somente na pele, mas também no ambiente que envolve tais figuras, bem como contrastes complementares[100].

Como nas telas "Engenho de Mandioca" (1892); Feiticeira (1895) ou em "A descascar Goiabas" (1901)[101]

Sobre o busto de Maria Firmina dos Reis, que foi feito, como já vimos, a partir dos relatos dos informantes de Morais Filho, acentuou-se a magreza da autora, o nariz é afilado, os lábios finos,

---

[100] Idem, p. 48.
[101] Ibidem.

cabelos lisos amarrados em coque, em nada se parecendo uma mulher negra ou mulata. No entanto, os seios são bem avantajados.

Contudo, cruzando as diferentes fontes trabalhadas, podemos constituir uma imagem ou um retrato, como o quiseram os políticos de Guimarães. Vemos que pouco a pouco, a figura da escritora vai surgindo, primeiro como uma escultura: uma figura de "rosto arredondado, [...] mãos e pés pequenos; meã, 1,58, pouco mais ou menos"[102] e gradualmente se revelando.

Apesar dos volumes e texturas, as cores e luzes redefinem completamente Sua posição e significação, no interior do sistema de signos a que pertence e no qual está sendo composta, constituída. Deste modo, conforme vamos sutilmente nos aproximando da imagem da escritora, percebemos que os tons terrosos são ressaltados - sua imagem vai gradualmente se revelando: a escultura se transforma em pintura.

Mas, constituindo-se em uma imagem bem distante da figura existente na tela encomendada pela Câmara dos vereadores de Guimarães: "imagem de uma mulher ricamente adornada com um vestido de luxo, um colar parecendo uma mulher burguesa, branca, diferente dos relatos que Nascimento de Morais Filho colheu em sua biografia[103]", corrobora com as expectativas das pessoas quanto à impossibilidade de se pensar, à primeira vista, em uma mulher negra do século XIX letrada, artista ou como alguém com o nível intelectual respeitável, cuja a data de aniversário havia sido escolhida como "dia da mulher maranhense"[104].

---

[102] MORAIS FILHO, Nascimento, 1975; n.p.
[103] SILVA, 2013, p.103.
[104] OLIVEIRA, Adriana Barbosa. *Gênero e Etnicidadade no romance Úrsula de Maria Firmina dos Reis* (Dissertação de Mestrado). UFMG, 2007; p. 12.

Fig. 4: Maria Benedita Bormann (1853-1895), in: "Mulheres Illustres do Brazil" (1899) (A imagem é da página 193 do livro de 1899 que traz o retrato da escritora de Porto Alegre que escreveu sob o pseudônimo "Délia").

A pintura pertencente à Câmara dos vereadores de Guimarães foi encomenda por Antonio Norberto[105] ao pintor Rogério Martins[106], que o realizou a partir do modelo que lhe foi entregue (Fig. 4) como sendo erroneamente o retrato da escritora Maria Firmina, ao qual procurou ser fiel. Com relação aos procedimentos de feitura da obra ele nos diz:

> Os fundamentos da pintura clássica são: anatomia, perspectiva, luz e sombra, composição, cromática e técnicas. Com estes recursos o artista-plástico ou mesmo um fotógrafo obtém um efeito diferente

---

[105] Nascido em Pentecoste – MA, em 30 de agosto de 1970. Turismólogo, escritor, consultor em turismo, palestrante, sócio-efetivo do instituto histórico e geográfico do maranhão; membro-fundador da Academia Ludovicense de Letras. Ex-presidente da ABBTUR/MA – associação brasileira de bacharéis e turismo, seccional maranhão. Servidor federal dprf/mj. Representante regional da anprf – associação nacional da polícia rodoviária federal.
[106] "Rogerio Martins de Melo Filho, artista Plástico, que assina Rogerio Martins, nasceu em Recife-Pernambuco, em 13 de janeiro de 1956. Após sua primeira exposição individual, ainda como amador, realizada em 1980, na Secretaria da Cultura do Estado do Maranhão, sua pintura passa a freqüentar os mais importantes espaços de arte de São Luis, Recife, Fortaleza, Teresina, Salvador, Brasília, Florianópolis, Curitiba, São Paulo e Rio de Janeiro." Ver: https://artistarogeriomartins.wordpress.com/sobre/. Acesso em outubro de 202.

para um mesmo modelo [...] O efeito aí é de luz e sombra que também podemos chamar de iluminação. Mesmo que essa 'iluminação' tenha sido acrescentada com recursos tecnológicos.

Maria Firmina, era uma mestiça (mulata) e para o observador arguto, perceberá que seu formato de rosto, olhos puxados e cabelos de um crespo intenso, são típicos de uma mestiça. No entanto, a negritude brasileira é muito variada nos tons de pele. Pela foto histórica (em sépia) sem o colorido natural da pele de nossa romancista, pude imaginá-la de pele morena que com o efeito de luz e sombra que já mencionei, pode-se pensar que a fiz branca.

Percebo nesta polêmica uma crítica 'politicamente correta' desnecessária, pois a homenagem a grande escritora passou longe de idéeias racistas.[107]

Deste modo, podemos perceber neste episódio, chamado pelo artista de polêmica do "politicamente correto", os contornos delicados da questão da atribuição e representação da negritude a figuras públicas notórias, de forma a reafirmar a tendência de embranquecimento do negro que alcança certo status na sociedade brasileira[108]. Os traços fisionômicos, a textura do cabelo e o tom da pele, bem como as vestimentas e adereços reproduzidos na tela, atestam a tentativa de conformar a imagem de uma mulher importante, detentora de capital cultural, às expectativas de se encontrar tais atributos, essencialmente, na imagem de uma mulher branca. Dessa forma, vemos aqui a reprodução e incorporação de estruturas sociais (relativas à dinâmica das relações raciais brasileiras) expressas de forma evidente na representação pictórica.

Entretanto, ao prosseguirmos em nosso experimento de

---

[107] Trecho retirado do Blogue Vimarense. Infelizmente, a postagem com discussão foi retirada do ar.
[108] Cf.: GUIMARÃES, Antonio Sérgio A. *Classes, raças e democracia*. São Paulo: Editora 34, 2000; Racismo e antirracismo no Brasil. São Paulo Editora 34, 1999. SALES JR., Ronaldo. *Democracia racial: o não-dito racista*. Tempo Social. nov. 2006, v.18, n. 2, p. 229-258.

constituir uma imagem, um retrato possível de Firmina dos Reis e na proporção em que vamos jogando com as cores e arriscando pinceladas ousadas, visando alcançar um efeito dramático de luz que ilumine a figura no centro da composição, vemos se acenderem, no fundo da tela, "olhos castanhos escuros" emoldurados por "cabelo crespo, grisalho, fino, curto, amarrado na altura da nuca, nariz curto e grosso, lábios finos". São esses os traços com os quais ela se vê e se descreve em seus diários e que foram, propositalmente, retirados das pinturas e esculturas è ela dedicadas. Esse conjunto de caracteres aparece relativamente iluminado por esse feixe pelo qual nosso olhar rapidamente se esgueira, alguns procurando o foco da cena, em vão –; a pouca luz revela uma mulher morena, metida em "roupas escuras"; "reclinada [...] a fronte escandecida sobre a mão"; com um "xale preto colorido, sandálias de marroquim furta cor" ocupando a posição intermediária - entre o centro e a periferia da tela. "Não usava joias, embora as tivesse".[109] Talvez, pudéssemos ouvi-la dizendo:

> Eu sou a lua, mas aquela estrela!... Não, eu não tenho uma estrela." [...] "Esta estrela que me emprestaram é bela, poética e merencória como a lua; mas não é minha - a minha caiu há muito, e se sumiu-se no nada....[110]

Enfim, vemos aqui Maria Firmina constituindo-se como um sujeito, individuado, de um eu exacerbado, o que se por um lado é uma marca comum de época, por outro pode ser visto como um elemento diferenciador quando se sabe que a autora era negra e mulher.

---

[109] Os trechos entre aspas foram retirados da biografia de Morais Filho, principalmente de fragmentos de Álbum e dos relatos dos informantes do pesquisador.
[110] MORAIS FILHO, Nascimento: 1975, ("Álbum"); n.p.

2. *ÚRSULA*

...em uma risonha manhã de agosto, em que a natureza era toda galas, em que as flores eram mais belas, em que a vida era mais sedutora – porque toda respirava amor -...

Maria Firmina dos Reis, *Úrsula* (1859)

...*A ESTREIA DE UMA* TALENTOSA MARANHENSE ...[111]

Era uma manhã de agosto, um homem estava prestes a morrer sozinho quando *"alguém despontou longe, e como se fora um ponto negro no extremo horizonte, esse alguém, que pouco e pouco se avultava, era um homem"*, o único capaz de restituir a vida. Chamava-se Túlio. Parecia contar no muito 25 anos. Na *"franca expressão de sua fisionomia* adivinhava-se *"a nobreza de um coração bem formado"*; *"o sangue africano refervia-lhe nas veias"*, de modo que nem o clima nem a servidão podiam resfriá-lo: *"Que ventura! - que ventura, podê-lo salvar!"*[112]- foram as suas primeiras palavras.

Junto dele, uma velha africana, a preta Susana.

Ela está metida numa '*saia de grosseiro tecido de algodão preto*'

---

[111] Assim a escritora Maria Firmina dos Reis foi apresentada no primeiro anúncio de seu romance *Úrsula* veiculado na imprensa maranhense, no periódico *A Imprensa*, ano IV, número 11, de 18 de fevereiro de 1860. Disponível no portal *Memorial de Maria Firmina dos Reis* em: https://mariafirmina.org.br/categoria/firmina-na-imprensa/nos-periodicos--seculo-xix/ursula-periodicos-seculo-xix/. Acesso em outubro de 2022.

[112] Os textos destacados foram retirados da obra *Úrsula*, de Maria Firmina dos Reis.

que vai até o '*meio das pernas magras, e descarnadas*'. Na cabeça, um '*lenço encarnado e amarelo*' que mal cobre seus cabelos brancos... Erguendo-se e deixando a máquina de fiar, ela toma um cachimbo nas mãos, enche-o de tabaco, acende-o e tira-lhe algumas baforadas de fumo. '*Túlio está à sua frente com os braços cruzados sobre o peito*'; diante de uma encruzilhada. Ela lhe afirma: "*não houve mulher alguma mais ditosa do que eu*"[113].

Os parágrafos acima fazem referências às primeiras personagens negras da história do romance brasileiro que narram suas vidas em primeira pessoa, representando desejos, projetos e revelando subjetividades.

São personagens do romance *Úrsula* - primeiro livro de autoria de uma escritora negra no Brasil. Escrito por Maria Firmina dos Reis, uma das inauguradoras da cena editorial feminina brasileira, esse livro começou a ser vendido em agosto de 1860, em São Luís, Maranhão.

Úrsula foi assinado por Maria Firmina dos Reis sob o pseudônimo "Uma Maranhense", e talvez, isso tenha contribuído para que seu nome fosse apagado durante muito tempo da historiografia, mas não da história.

Numa época em que o fazer literário encontrava-se vedado para as mulheres como atividade pública profissional ou semiprofissional, era comum escritoras publicarem sob pseudônimos: Ana Luísa de Azevedo Castro assinou com o pseudônimo "Indígena do Ipiranga" seu livro *D. Narcisa de Villar: legenda do tempo colonial*, também publicado em 1859. Antes dela, em 1850, Dionísia Gonçalves Pinto, que se identificava com o pseudônimo Nísia Floresta

---

[113] Idem.

Brasileira Augusta, publicou em volumes a obra intitulada *Dedicação de uma amiga,* assinando apenas com as iniciais B. A.

É importante notar que estes dois textos, publicados anteriormente ou no mesmo ano de *Úrsula*, são classificados por alguns críticos como sendo novelas e não romances, o que destaca *Úrsula* como uma das obras literárias pioneiras de autoria feminina publicadas no Brasil com formato de romance propriamente.

O caso é que Firmina se insere num panteão de escritoras do século dezenove silenciadas pelo fato de serem mulheres. Mas é também preciso dizer que, diferindo de Nísia Floresta, por exemplo, que era de origem abastada e publicou no Rio de Janeiro, França e Itália, Firmina era pobre, atuante no Maranhão e negra.

Sabemos que Firmina foi leitora de Shakespeare, Alexandre Herculano, Bocage, Camões, Almeida Garret, Byron, Dante, Milton, Tomás Antônio Gonzaga, Casemiro de Abreu, Gonçalves Dias, além de outros autores, como indicou em poemas e anotações do diário que manteve entre os anos de 1853 e 1903, que foi publicado postumamente, e que dialogava com o romantismo de J. W. Goethe e Bernadin de Saint Pierre, observação que alguns pesquisadores depreendem a partir da leitura do romance *Úrsula*[114]. Ela, provavelmente, também travou diálogo com as ideias de Harriet Beecher Stowe, que publicou *A Cabana do Pai Tomás (1852),* um *best-seller* antiescravista do século XIX.

Em 2019, o livro *Úrsula* (1859) completou 160 anos. Esse romance ficou esquecido por quase um século, até que Nascimento

---

[114] Prof.Dr. Flávio Pereira Camargo e Prof. Dr. Felipe Vale da Silva. Disciplina *Tópicos de Literatura Comparada II*, do programa de Pós-graduação Letras e Linguística, da Faculdade de Letras da Universidade Federal de Goias-UFG. Disponível em: https://files.cercomp.ufg.br/weby/up/26/o/Plano_de_curso_T%C3%B3picos_de_Literatura_Comparada_II_-_2019.1.pdf. Acesso em outubro de 2022.

Morais Filho resgatou sua história dos porões da biblioteca pública Benedito Leite, em São Luís.

Entre 1967 e 1969, Horácio de Almeida comprou um lote de livros, entre os quais vinha uma pequena brochura, que despertou sua atenção. O Livro não trazia assinatura alguma. Consultou Tancredo [de Barros Paiva], e outros dicionários de pseudônimos e nenhum revelou quem fosse "Uma Maranhense".

Ele foi ao índice do Dicionário [Bibliográfico Brasileiro], levantado por Estados da Federação. Percorrendo a relação dos escritores maranhenses, encontrou o nome Maria Firmina dos Reis, que Sacramento Blake apresentava como autora do romance *Úrsula*.

Em 1973, Horácio de Almeida apresentou um trabalho que ficou registrado nos Anais do Cenáculo Brasileiro de Letras e Artes, mas só publicado em março de 1974 e intitulado A Primeira Romancista no Brasil, assinado por "um acadêmico". O artigo tencionava saber qual tinha sido o primeiro romance escrito no Brasil por uma mulher. Antes, em 1973, Nascimento Morais Filho divulgou sua pesquisa sobre a *descoberta* de Maria Firmina na antiga Agência Meridional de Notícias. A entrevista para o jornal maranhense *O Imparcial*, em 11 de novembro de 1973, recebeu divulgação nos jornais nacionais.

Morais Filho relatou que, durante uma pesquisa, *descobriu* por acaso a romancista maranhense Maria Firmina dos Reis, por meio de anúncios em jornais do século XIX que divulgavam o romance *Úrsula*. Depois de longa investigação, ele promoveu uma reedição fac-simile do livro, em 1975[115]. E segundo o autor, graças ao escritor

---

[115] Vale notar que em 2017, a Academia Maranhense de Letras edita o romance *Úrsula*, com nota de publicação "2.ª Edição

e bibliógrafo Horácio de Almeida, que doou o livro ao governo do Estado do Maranhão.

A partir de então, em 1988, saiu a terceira edição do romance, com prefácio do intelectual norte-americano Charles Martin, por ocasião das comemorações do centenário da Abolição e Escravatura.

Em 2004, veio a público a quarta edição do livro, acrescido do conto *A escrava*. Com atualização do texto e posfácio de Eduardo de Assis Duarte. Essa edição tornou-se importante na história da circulação do romance *Úrsula*, pois após 16 anos da publicação da até então última edição (1988), organizada por Luiza Lobo, esta quarta edição de 2004 foi responsável por apresentar o texto de Firmina a um público mais amplo.

Assim, há uma década, tínhamos publicadas apenas seis edições da obra *Úrsula*: 1859, 1975, 1988, 2004, 2008 e 2009. Seguiram esgotadas até 2017. Entre 2017 e 2022, fomos publicadas 22 novas edições. Quatro em 2017; nove em 2018; duas em 2019; em 2020, a primeira edição de capa dura, com apresentação e posfácio de Régia Agostinho da Silva, além da primeira tradução de *Úrsula* para o inglês realizada por Cristina Ferreira Pinto Bailey; em 2021 foram lançadas outras cinco edições; e uma mais em 2022[116]. Além das edições impressas, *Úrsula* conta com três versões disponíveis apenas em formatos digitais, que foram lançadas em 2008, 2017 e 2018 respectivamente.

Maranhense Evocativa do centenário da morte da autora". Segundo a AML, orientando-se pelo texto da edição fac-similar publicada em 1975, no Rio de Janeiro, pela Gráfica Olímpica.

[116] Para ver uma lista de reedições completas, consulte: ZIN, Rafael Balseiro. *Escritoras abolicionistas no Brasil-Império: Maria Firmina dos Reis e Júlia Lopes de Almeida na luta contra a escravidão*. (Tese) Programa de Estudos Pós-Graduados em Ciências Sociais. (Doutorado em Ciências Sociais) Pontifícia Universidade Católica de São Paulo: São Paulo, 2022.

2.1 A PRIMEIRA RESENHA DE *ÚRSULA* NA IMPRENSA MARANHENSE DE 1857[117]

No nascente mercado literário brasileiro do século XIX, era bastante comum que *editores*[118] empregassem a estratégia de assinaturas para vender seus livros. Chamadas também de subscrições, as assinaturas conformavam um tipo de venda baseada na confiança estabelecida entre proponentes e leitores (subscritores) – estes últimos comprometiam-se a pagar quando fossem receber o exemplar, garantindo, com isso, a publicação da obra[119].

Antonia Pereira de Souza, em *A prosa de ficção nos jornais do Maranhão Oitocentista* (2017), trabalho no qual analisa alguns anúncios que divulgavam coletas de assinaturas ou subscrições para a prosa de ficção nos jornais maranhenses do século XIX, afirma que a prática de divulgação e venda de livros, por meio de pedidos de subscrições, visava, principalmente, garantir um número suficiente de compradores para determinados livros. Segundo ela, esses anúncios de assinaturas, além de apresentarem e descreverem as obras, também revelavam os caminhos percorridos por um livro naquela época, a partir da divulgação das cidades onde ocorriam as subscrições, constituindo-se, assim, em importantes fontes para as análises e pesquisas atuais, como fica explícito no trecho a seguir:

O anúncio para assinaturas do romance *A mão do finado*, de responsabilidade de Satyro Antônio de Farias, veiculado no

---
[117] Conteúdo do portal Memorial de Maria Firmina dos Reis. Uma versão deste texto foi publicado na *Afluentes*: Revista de Letras e Linguística v. 3, n. 8, maio/ago. 2018.
[118] Vale lembrar que, em meados do século XIX, não havia editoras no Brasil. As tipografias imprimiam periódicos e livros que geralmente eram viabilizados pelo sistema de subscrição antecipada. Também não havia editores de texto: os periódicos literários, por exemplo, eram produzidos domesticamente, em regra por um grupo de amigos, e depois levados à tipografia para impressão (XIMENES, 2017, online).
[119] O mesmo acontecia com as histórias publicadas em capítulos, como os folhetins.

Publicador Maranhense, além de apresentar a obra como atual: "impressa no corrente ano de 1853"; descrevê-la como "romance em continuação ao *Conde de Monte Cristo*, de Alexandre Dumas"; através da divulgação das cidades onde ocorreriam as subscrições, revela os caminhos que esse romance percorreu no Maranhão: São Luís, Caxias, Codó, Coroatá e Itapecuru-Mirim. Essa mesma trajetória pode ter sido feita pela obra *Maria, a filha do jornaleiro*, promessa de lançamento, anunciada no final do reclame[120].

De acordo com a autora, um romance que fosse muito comentado ao chegar ao mercado literário, tinha maiores possibilidades de atrair assinaturas, fato que aconteceu com *Os Miseráveis*, de Victor Hugo, que, segundo ela, "não tinha nem sido lançado, mas foi veiculada a notícia de que entre os primeiros leitores de alguns de seus capítulos encontrava-se uma mulher que desmaiou, ao conhecer parte da história. Esse fato gerou uma curiosidade contagiando também os leitores maranhenses"[121]. Souza analisa a estratégia utilizada por Belarmino de Mattos[122] para vender essa obra nos jornais *Publicador Maranhense* e *Porto Livre*:

> OS MISERÁVEIS ROMANCE DE VICTOR HUGO. O abaixo assinado avisa aos Srs. Assinantes, que no mês vindouro principia a publicar este excelente romance de Victor Hugo, que tanto barulho tem feito no mercado literário. Os volumes de 120 páginas em 8º francês serão publicados de 15 em 15 dias a razão de 1.000 réis pagos na ocasião da entrega. Continua-se a receber assinaturas na Tipografia do Progresso, Rua da Paz, n. 4. O Editor, B. de Mattos 123.

---

[120] *Publicador Maranhense*, 1853, p. 4 apud SOUZA, 2017, p.227.
[121] SOUZA, 2017, p. 229.
[122] Impressor e tipógrafo maranhense.
[123] *Publicador Maranhense*, 1862, p. 4 apud SOUZA, 2017, p. 230.

A autora observou duas formas principais de subscrição. A mais comum era abrir subscrições para uma grande quantidade de livros ao mesmo tempo e, exatamente por isso, esse era um sistema bastante utilizado por tipografias, livrarias e bibliotecas de outros países com filiais em São Luís. A outra forma eram os anúncios independentes, essa estratégia geralmente era empregada na campanha de lançamento de livros porque dava maior visibilidade à obra e atraía mais compradores.

Segundo Antonia Souza, o romance *Úrsula*, de Maria Firmina dos Reis, recebeu uma subscrição anunciada de forma independente e diferente das anteriormente citadas, aproximando-se muito mais de uma resenha, já que apresentava um longo prospecto sobre a obra e a autora que, embora mantida anônima, era referida como "jovem maranhense", "autora brasileira", explicitando que a autora era mulher.

Souza destaca que algumas obras eram, com frequência, anunciadas nos jornais de forma anônima, ela elucida que isso ocorria, provavelmente, pelo fato de que no século XIX, os autores não eram instâncias relevantes: o que mais importava era que suas histórias se parecessem com as histórias famosas e que suas narrativas se aproximassem daquelas notáveis [124]

O anúncio independente de *Úrsula* foi veiculado na seção *Publicações Pedidas*, no jornal *A Imprensa*, de 17 de outubro de 1857, ano I, número 40, página 3, segunda coluna. A resenha revela, antes de tudo, uma informação muito importante: *Úrsula* já estava pronto em 1857, ano em que, por exemplo, José de Alencar publica o romance *O Guarani*, em folhetins, no jornal *Diário do Rio de Janeiro*[125].

---

[124] BARBOSA, 2007, p. 34 apud SOUZA, 2017.
[125] Iniciado em 01 de janeiro de 1857.

Sérgio Barcellos Ximenes afirma que, em todas as fontes disponíveis na internet, em livros e em trabalhos acadêmicos, um só ano é associado ao romance: 1859. A informação consta da folha de rosto da primeira edição de *Úrsula*.

Entretanto, dois trabalhos abordam essa resenha de 1857 atualmente: o primeiro, a tese de doutorado *A prosa de ficção nos jornais do Maranhão Oitocentista*, de março de 2017, desenvolvida pela pesquisadora Antonia Pereira de Souza, em João Pessoa, PB (citada neste artigo), que não tem a escritora como tema central do estudo; o segundo é a postagem intitulada *A história do romance Úrsula*, de 2018, no blog *A Arte Literária*, de Sérgio Barcellos Ximenes (autor também neste artigo), que faz um interessantíssimo estudo sobre a obra da escritora, apresentando uma pesquisa detalhada da obra e da vida de Maria Firmina e sua atuação na imprensa. Ele relata que:

> Alguns meses depois de ter encontrado essa primeira resenha de 'Úrsula', na hemeroteca digital da Biblioteca Nacional, uma surpresa: ao baixar a tese de doutorado intitulada 'A prosa de ficção nos jornais do Maranhão Oitocentista', de Antonia Pereira de Souza (João Pessoa, PB), descobri que o texto da resenha fazia parte da página 232 desse trabalho, apresentado em março de 2017[126].

Em termos gerais, essa nova informação reforça a importância da continuidade das pesquisas sobre Maria Firmina dos Reis, que tem se desenvolvido com maior profundidade nos últimos dez anos, e aponta ainda para a possibilidade de descoberta de novos materiais e informações sobre a escritora, como já observou a pesquisadora Jéssica Catharine Barbosa de Carvalho[127].

---

[126] XIMENES, Sérgio Barcellos. 2017, online.
[127] CARVALHO, Jéssica Catharine Barbosa de. Literatura e atitudes políticas: olhares sobre o feminino e antiescravismo na

Enfim, o anúncio em questão apresenta o resumo do livro, com ambientação da narrativa, caracterização de personagens e algumas informações sobre os processos e as condições de produção da obra. No final, ele apresenta o objetivo: "Subscreve-se para esta obra na Tipografia do *Progresso,* do *Observador,* do *Diário* [do Maranhão] e do *Publicador* [Maranhense] – preço por cada exemplar brochura – 2$000rs".

Muito provavelmente, não houve resposta positiva do público a esse chamado[128], tudo sugere que o anúncio não conseguiu garantir o número suficiente de compradores/subscritores que financiariam a publicação da obra.

Três anos depois, as subscrições do romance ganharam versão resumida com: título (seguido da expressão "romance brasileiro por uma maranhense"), informações sobre o volume, o tamanho e o preço (que não mudou), além do apelo de que vender o livro "singelo e elegante" representaria ânimo para a escritora "modesta" e "talentosa maranhense"[129].

O primeiro anúncio do romance, em 18 de fevereiro de 1860, em *A Imprensa,* ano IV, número 11, apresentava a chamada a subscritores – "Assina-se nesta tipografia" –, o que sugere que o romance ainda não havia sido impresso. Após cinco meses e meio de divulgação por meio de quatro anúncios de subscrições – *A Imprensa:* 18 e 22 de fevereiro; 11 e 16 de abril de 1860 –, o anúncio de venda do livro *Úrsula* começa a circular em 1º de agosto daquele ano, no jornal *A Imprensa,* três anos após a publicação de sua resenha.

---

obra de Maria Firmina dos Reis. 128 f. Dissertação (Mestrado em Letras) – Programa de Pós-graduação em Letras da Universidade Federal do Piauí, 2018. Disponível em: https://drive.google.com/drive/folders/12dtFCFkzJsfjKUAhBh_VviO7iFym8tyl. Acesso em outubro de 2022. p. 82.

[128] Cf. XIMENES, 2018.

[129] *A Imprensa,* 1860, p. 4 apud SOUZA, 2017, p. 232.

O anúncio que circulou no *Publicador Maranhense* e em *A Imprensa* não identificava o nome da autora. Informava que o livro estava sendo vendido na livraria de Antonio Pereira Ramos de Almeida e na Tipografia do Progresso[130].

A partir de fevereiro de 1861, anúncios de venda descreviam *Úrsula* como "excelente romance", assinalando mudanças nas impressões sobre a obra e nas estratégias de anúncio do livro.

Ao todo, de 18 de fevereiro de 1860 a 17 de setembro de 1862, foram publicados 50 anúncios de *Úrsula* nos jornais *A Imprensa*, *A Moderação*, *Publicador Maranhense* e *A Coalição*, sendo quatro anúncios de subscrição e 46 anúncios de venda.

Sérgio Barcellos Ximenes ressalta que a maioria dos anúncios aparecia em destaque na página, e nenhum deles foi acompanhado de outro livro vendido pela tipografia. Ele destaca que também não foram encontrados anúncios de outros livros nos quatro jornais, a não ser de um eventual Almanaque tradicionalmente vendido no final de cada ano. Para ele, *Úrsula* reinou sozinho nos anúncios dos jornais do Maranhão durante mais de dois anos.

Essa divulgação incomum para os padrões da época (dois anos e meio) parece indicar uma boa receptividade à obra de Maria Firmina, demonstra que a obra se manteve no mercado, e que, portanto, possuía leitores.

LENDO A RESENHA DE 1857

A resenha do romance *Úrsula* publicada na terceira página do jornal *A Imprensa*, em 17 de outubro de 1857, é um anúncio

---

[130] "A Tipografia do Progresso chamava-se Tipografia Maranhense. Eram comuns as publicações que substituíam os nomes das empresas pelos periódicos que as veiculavam" (SOUZA, 2017, p. 203).

de subscrição da obra, composto por dez parágrafos, que realiza a apresentação geral do livro ressaltando, sobretudo, o caráter ficcional do texto.

PUBLICAÇÕES PEDIDAS

Prospecto

– O romance brasileiro que se vai dar ao prelo sob a denominação de – *ÚRSULA* – é todo filho da imaginação da autora, jovem Maranhense, que soltando as asas à sua imaginação, estreia a sua carreira literária oferecendo ao Ilustrado Público da sua nação as páginas, talvez por demais vazias de um estilo apurado, como o é o do século, mas simples, e os pensamentos, não profundos, mas entranhados de patriotismo. Todo ele ressente-se de amor nacional e de uma dedicação extrema à Liberdade.

Os personagens da sua obra, não os foi buscar num fato original; a existência desses entes criou-a ela, no correr da mente.

A autora simpatiza com o que há de belo nas solidões dos campos, na voz dos bosques e no gemer das selvas, e por isso preferiu tecer os fios do seu romance, melhor que nos salões dourados da corte, nos amenos campos e nas gratas matas do seu país.

Recolhida ao seu gabinete a sós consigo mesma, a autora brasileira tem procurado estudar os homens e as coisas, e o fruto desses esforços de sua vontade é: – *ÚRSULA* –.

A donzela, que vai aparecer-vos sob esse nome, vivendo isolada nas solitárias regiões do Norte, não é um desses tipos de esmerada civilização, mas, longe de serem selvagens os seus costumes, *Úrsula* tinha o cunho de um caráter ingênuo e puro, com o só defeito de ser talvez por demais ardente e apaixonada a sua alma. Constante nos seus afetos, essa donzela não se assemelha a tantas outras mulheres volúveis e inconsequentes que, aprendendo desde o berço a iludir, deslustram o seu sexo, mal compreendendo a missão de paz e de amor de que as incumbiu Deus.

Talvez um amor estremecido e uma prevenção desde o berço, alimentada contra seu tio, o comendador P., lhe dê por um momento os traços de leviandade, mas se atentarmos que *Úrsula*, no verdor dos anos, arrastada por essas duas paixões imperiosas que tão fatais lhe foram, conservou a pureza de uma alma angélica, confessaremos que

> a predileta da autora tinha o caráter firme, como sói ser o das almas grandes e virtuosas.
> *Úrsula* tinha a imaginação ardente das filhas do Norte, e como elas guardava na alma sentimentos nobres e um afeto e uma dedicação que só o túmulo saberá extinguir.
> Menos ardente não era o coração do jovem Tancredo – essas duas almas perfeitamente harmonizavam. O comendador invejou tão extrema ventura e lançou absinto no vaso de suas doces esperanças: podia ter sido generoso, mas seu amor era terrível, ele não pôde perdoar.
> Túlio e Susana representam essa porção do gênero humano tão recomendável pelas suas desditas – O Escravo! –. A autora tem meditado sobre a sorte desses desgraçados entes, tem-lhes escutado as lacrimosas nênias e o gemer saudoso, a recordação de uma vida que já lá passou, mas que era bela nas regiões da África!...
> É um brado a favor da humanidade – desculpai-a...
> Subscreve-se para esta obra na tip. [tipografia] do *Progresso*, do *Observador*, do *Diário [do Maranhão]* e do *Publicador [Maranhense]* – preço por cada exemplar brochado – 2$000rs.
> O CAIXEIRO D'ALFAIATE[131].

Analisando seu conteúdo, percebemos que, ao descrever a ambientação da narrativa, a resenha aborda também questões sobre as condições de produção da obra, bem como lança luz para alguns elementos que poderiam fazer parte de um possível projeto literário e intelectual de Maria Firmina.

De modo geral, realiza a caracterização das personagens: são três parágrafos dedicados à apresentação da personagem *Úrsula* (do quinto ao sétimo parágrafos), descrevendo o seu caráter, seus defeitos e conflitos; e três linhas para apresentar os personagens Tancredo e Comendador. P.; apresentando também, em quatro linhas, Túlio e Susana, personagens escravizadas da obra. Além

---

[131] *A Imprensa*, 17/10/1857, ano I, número 40, página 3, segunda coluna. Transcrição e atualização feitas por Sérgio Barcellos Ximenes.

disso, destaca o principal conflito do romance: o amor ideal entre *Úrsula* e Tancredo, em oposição à inveja do vilão, Comendador P.

A resenha mantém a autoria da obra anônima, referindo-se a Firmina como "jovem maranhense" ou "autora brasileira", explicitando apenas seu gênero, ou seja, lendo a resenha, sabe-se que o livro foi escrito por uma mulher.

De forma mais detalhada, no primeiro parágrafo temos informações biográficas. Nele, a autora é apresentada como uma "jovem maranhense" que estreia na carreira literária. Temos informações sobre a edição: a expressão "que se vai dar ao prelo" deixa claro que o livro ainda não estava impresso, mas já estava pronto para ser editado. E traz ainda informações sobre o público a que se destinava o anúncio de subscrição do romance – o *"Ilustrado Público da sua nação"*.

Além disso, esse parágrafo traz uma breve análise crítica da obra, caracterizada como sendo de estilo simples, mas com a advertência de que essa seria mais uma característica do século, ou seja, a/o resenhista insere e situa a obra de Firmina em um contexto de produção literária de época mais amplo, apontando alguns elementos temáticos explorados pela escritora, como o patriotismo e a questão da liberdade, pautados também nos debates sociais do período, mostrando que a autora selecionou questões ligadas ao seu contexto para compor sua ficção.

O gênero literário do texto é identificado como romance de ficção: *"ÚRSULA* – é todo filho da imaginação da autora, jovem Maranhense, que soltando as asas à sua imaginação, estreia a sua carreira literária". Essa informação ainda é enfatizada no segundo parágrafo: "Os personagens da sua obra, não os foi buscar num fato original; a existência desses entes criou-a ela, no correr da mente".

O terceiro parágrafo, por sua vez, realiza a ambientação da obra a partir da contraposição rural/urbano, que para a/o resenhista, estava expressa na escolha de Firmina por ambientar seu romance a partir das descrições dos campos — das matas e selvas do país (ou seja, a natureza, um elemento característico do Romantismo brasileiro) –, em vez de optar pelas descrições do ambiente dos salões da Corte, provavelmente bastante comuns nas narrativas da época. Esse parágrafo demonstra que o/a redator/a da resenha era ciente de que os procedimentos de feitura da obra estavam assentados nas escolhas conscientes de Firmina: "autora simpatiza com o que há de belo nas solidões dos campos [...] preferiu tecer os fios do seu romance...", esse trecho evidencia que a escritora era percebida como uma artista que manipulava elementos sociais e estilísticos em sua composição artística, fato que hoje podemos compreender como sendo uma tomada de posição de Maria Firmina dos Reis frente aos modelos disponíveis no campo literário do período.

O quarto parágrafo é bastante interessante porque ilumina questões referentes às condições de produção da escritora, que podem ser identificadas a seguir: "Recolhida ao seu gabinete a sós consigo mesma, a autora brasileira tem procurado estudar os homens e as coisas, e o fruto desses esforços de sua vontade é: –*ÚRSULA*".

Primeiro, o trecho informa que Firmina trabalhava solitária em um gabinete, esse é um dado importante, já que temos poucas referências que permitam reconstituir as condições em que a escritora criou sua obra; segundo, podemos perceber que para o/a resenhista, Maria Firmina possuía um projeto intelectual/literário – "estudar o homem e as coisas" – e identificava *Úrsula* como fruto da vontade da autora, ou seja, reconhecia a intencionalidade de Firmina nas escolhas dos métodos de composição artística que desenvolvia.

A partir do quinto parágrafo, inicia-se a caracterização das personagens da obra: *Úrsula* é descrita como uma donzela solitária e isolada; de caráter ingênuo e puro, com o defeito de possuir uma alma ardente e apaixonada. Para a/o resenhista, os contrastes no caráter da personagem vinham dos traços de leviandade gerados nos conflitos entre a intensidade do amor devotado a Tancredo e o constante estado de prevenção que devia manter em relação ao cruel Comendador P., revelando qual era o contexto de opressão que homens submetiam as mulheres nos Oitocentos, ressaltando que a pureza da alma de *Úrsula*, no entanto, era sempre conservada, como vemos no seguinte trecho: "A donzela, que vai aparecer-vos sob esse nome, vivendo isolada nas solitárias regiões do Norte não é um desses tipos de esmerada civilização, mas, longe de serem selvagens os seus costumes, *Úrsula* tinha o cunho de um caráter ingênuo e puro".

Notamos que, nessa caracterização, o/a autor/a da resenha recorre à contraposição civilização *versus* selvagens (recorrente no século XIX) para descrever a personagem e mobiliza, ainda, noções que relacionam espaço geográfico e determinação da personalidade. As regiões do Norte do país são descritas como solitárias e, por isso, capazes de oferecer condições de isolamento que conformariam o caráter puro e ingênuo da personagem, sempre constante nos afetos. Essa ideia é retomada no sétimo parágrafo, mas com um tom de regionalismo bem acentuado, afirmando que *Úrsula* seria a representação literária da imaginação ardente das filhas do Norte, de sentimentos nobres, de afeto e dedicação, promovendo a ideia de que a personagem se aproximava das moças locais. Essa característica da obra era bem importante, pois os temas próximos do cotidiano, tanto brasileiro quanto regional, aproximavam escritores e público leitor, e, dessa forma, *Úrsula* é identificada como representante da "mulher maranhense", ou da "mulher do norte".

Ao lado disso, a resenha também contrapõe outra imagem e representação social da mulher, oposta aos traços idealizados em *Úrsula*: "essa donzela não se assemelha a tantas outras mulheres volúveis e inconsequentes que, aprendendo desde o berço a iludir, deslustram o seu sexo, mal compreendendo a missão de paz e de amor de que as incumbiu Deus".

Ao afirmar uma oposição entre *Úrsula*/filha do Norte/pura/constante nos afetos X mulheres/volúveis/inconsequentes, o/a resenhista (e o próprio jornal) constrói a imagem da mulher ideal e situa seu lugar social na esfera religiosa que conforma seu papel como sendo a representação de uma missão incumbida por Deus, ou seja, para o/a redator/a, o destino social da mulher seria realizar uma missão divina. As mulheres que fugissem a esse modelo seriam relegadas à categoria das que "não compreendiam", ou seja, passavam a ser definidas pela ideia de ausência de capacidades, sugerindo que as *"tantas outras mulheres"* só se comportavam de forma diferente porque não possuíam capacidade de compreensão. A partir disso, a/o resenhista (e o jornal?) explicita seu ponto de vista sobre o lugar e o papel das mulheres na sociedade do período.

Prosseguindo, as caracterizações de Tancredo e de Comendador P. estão no oitavo parágrafo. Tancredo é descrito em uma linha, e *Úrsula* é o parâmetro de comparação moral do personagem, como vemos: "Menos ardente não era o coração do jovem Tancredo". Já o Comendador P. é definido pela inveja, pelo amor terrível, e apresentado como alguém que não sabe perdoar.

O nono parágrafo é também bastante rico e interessante: primeiro, apresenta Túlio e Susana, personagens escravizados; depois, lança elementos que permitem entrever, mais uma vez, um possível projeto intelectual da escritora e; em terceiro, lança pistas a respeito do processo de composição e de criação artística de Maria Firmina. O parágrafo integral é assim:

> Túlio e Susana representam essa porção do gênero humano tão recomendável pelas suas desditas – O Escravo! –. A autora tem meditado sobre a sorte desses desgraçados entes, tem-lhes escutado as lacrimosas nênias e o gemer saudoso, a recordação de uma vida que já lá passou, mas que era bela nas regiões da África! ...

Vemos que há a indicação de que a reflexão sobre a condição do escravo parecia ser um projeto intelectual de Firmina, quando afirma que a "autora tem meditado sobre a sorte desses desgraçados entes"; fica explícita a ideia de tempo, ou seja, sugere-se que já há algum tempo Firmina viria pesquisando, refletindo e escrevendo sobre a questão da condição do negro na sociedade escravista, delineando traços que seriam desenvolvidos em sua produção literária ao longo dos anos.

Além disso, é possível encontrar pistas a respeito do processo de composição artística e do processo de criação da escritora, a partir da informação de que Firmina escuta[va] as lacrimosas nênias e o gemer saudoso, a recordação [dos escravos], podemos compreender melhor os métodos utilizados pela escritora na composição da obra. Trata-se de uma informação bastante relevante, que confirma hipóteses desenvolvidas em estudos sobre a obra firminiana, corroborando, por exemplo, com os seguintes argumentos:

> No ano de publicação do conto "A Escrava", encontra-se essa interessante anotação: "Porfíria recebeu a liberdade a 17 do mesmo mês, e ano." (Março, 1887). Essa anotação pode sugerir que Maria Firmina retirava do seu cotidiano mais imediato, muito daquilo que ela representava na forma literária. [...]
> A inclusão desse registro em seu diário, ao nosso ver, nos leva a concordar, por exemplo, com Luiza Lobo [1993, p. 229] quando ela afirma que "Mãe Susana, de *Úrsula*, assemelha-se a mãe Joana, de 'A Escrava', no sentido de nos transmitir a impressão de se tratarem de pessoas que Maria Firmina realmente conheceu." [...] Assim entendemos que a pesquisadora sugere a possibilidade de Maria Firmina ter colhido depoimentos para compor sua obra, além, também, das ideias anotadas em Álbum (DIOGO, 2016, p. 54).

Essa abordagem pode ser um viés analítico interessante para a investigação dos processos de criação e composição de Firmina.

> Aqui, é importante destacar que o romance de Harriet Stowe, *A Cabana do Pai Tomás*, que [...] se tornou modelo de texto antiescravista nos anos de 1850 em diante, também pode ter se apropriado de uma retórica cotidiana da imprensa ou de biografias de ex-escravos para criar a trama e as personagens de seu romance (DIOGO, 2016, p. 125).

A partir disso, podemos pensar que Maria Firmina, que era uma leitora das obras de sua época, contava com esses modelos, para seguir ou recusar, de forma a trabalhar para inserir – *intencionalmente* – sua obra no contexto de uma *tradição* literária mais ampla, e ajustar certos elementos e certos procedimentos em sua configuração artística particular. Esse raciocínio faz muito sentido, principalmente se levarmos em conta que no século XIX, o/a autor/a não era uma instância relevante no valor atribuído à obra, importava mesmo era que as narrativas lembrassem e se aproximassem de narrativas notáveis e famosas.[132]

Ao mesmo tempo, também é possível apreender da leitura do nono parágrafo o posicionamento da/o resenhista (e do jornal) sobre a condição dos escravos no Brasil, os quais são identificados como "porção do gênero humano", "desgraçados entes", recomendáveis pelas adversidades; entendemos com isso que os escravos são classificados como pertencentes à categoria dos *humanos* ("desgraçados", porém humanos), e, preferindo não avançar aqui na análise dos significados da restrição contidos na expressão "porção do gênero humano", entendemos que é possível apreender que, para o/a redator/a da resenha, a condição do escravo é compreendida para além da condição de mercadoria atribuída ao negro descendente de africano pelo ordenamento jurídico brasileiro da época. Dessa forma, o/a resenhista reconhece que, mesmo no interior das relações escravistas que visavam solapar as bases de constituição do indivíduo negro, os escravos eram críticos com relação ao próprio destino e expressavam essa visão crítica em depoimentos que concediam, nos quais articulavam recordações que podiam – ou atingir um tom de lamentação das "lacrimosas nênias" ou do "gemer saudoso"; ou, em outras vezes, atingir um tom de afirmação presente nas memórias que estabeleciam laços com uma vida bela passada na África.

Esse ato possível ao escravo – o de organizar a história de sua trajetória de vida na forma de um depoimento coerente – demonstra o esforço de criar uma história pessoal, de atribuir significado a todo o conjunto de experiências da vida individual e mostra que, em

---

[132] SOUZA, 2017.

grande medida, o relato foi o espaço de constituição da subjetividade do negro (escravo ou forro). Firmina, desta forma, ouvindo esses depoimentos, como sugere a resenha, teria encontrado as condições para "identificar representações do desejo, por parte do escravo, de ser indivíduo; do desejo de criar uma história pessoal; do desejo de atribuir significado à vida individual (e qual seria ele?), como marcas de subjetivação" (DIOGO, 2016, p. 132). Assim, ainda de acordo com Luciana Martins Diogo (2016, p. 132), a resenha contribui para compreensão de "como, no século XIX, o romance aborda um problema complexo: o da possibilidade dos cativos ou libertos construírem uma história pessoal", além de abrir novas possibilidades interpretativas da obra e das práticas empregadas em sua confecção.

Por fim, o décimo parágrafo fecha o texto com uma síntese geral: o romance "é um brado" (voz/clamor) humanista. E, diante dessa constatação, a/o resenhista conclui o anúncio fazendo um apelo bastante ambíguo ao público: "desculpai-a ...". Com isso, solicita-se que o público desculpe o ponto de vista humanista em que a obra está fundada? Ou que desculpe as vozes da narrativa, já que estas "bradam" seus clamores ao longo de todo o romance? Enfim, a partir de agora, temos novos elementos para aprofundarmos a investigação e a compreensão da obra literária de Maria Firmina dos Reis.

EM SUMA

Após a análise da resenha, podemos afirmar que nela encontram-se expressas importantes indicações de um possível projeto intelectual/literário de Maria Firmina dos Reis que, a partir de 1857, perpassaria toda sua obra: o estudo do *homem* [da humanidade] e *das coisas, atravessado e aprofundado pela reflexão sobre a condição do negro na sociedade escravista oitocentista brasileira*. Afirmamos que nela ainda é possível encontrar pistas sobre *as condições de produção*, sobre o *processo criativo* da escritora e também sobre o *processo de composição artística* utilizado por Firmina.

De modo que agora, acrescentando mais algumas peças nesse quebra-cabeças que a trajetória de Maria Firmina dos Reis conforma, podemos vê-la como uma mulher observadora e crítica de sua realidade, interagindo em espaços públicos de intelectualidade (escolas, jornais, algumas vezes "salões"); em espaços de marginalidade ("escutando dos escravos as lacrimosas nênias e o gemer saudoso, a recordação de uma vida bela nas regiões da África!"); e, a partir disso, no espaço privado ("recolhida ao seu gabinete a sós consigo mesma, procurando estudar os homens e as coisas, meditando sobre a sorte dos desgraçados escravos"), vemos como a autora produziu sua obra literária.

Em agosto de 1860 outras três resenhas foram publicadas, uma em *A Imprensa* (1º de agosto); a segunda no *Jornal do Comércio* (4 de agosto); e a última em *A Moderação* (11 de agosto). Outras duas apreciações foram publicadas em 1861, em *A Verdadeira Marmota* (13 de maio) e em *O Jardim das Maranhenses* (29 de setembro), encerrando as publicações críticas conhecidas do romance *Úrsula*, nos periódicos do século XIX.

Por fim, entendemos que essa resenha de *Úrsula*, de 1857, lança alguns feixes de luz sobre as condições de composição da obra e sobre as práticas de Firmina, que iluminam caminhos analíticos e interpretativos a serem desvendados nesse constante devir que é a leitura da obra dessa escritora incrível do século XIX.

AS CAMPANHAS DE SUBSCRIÇÃO E AS REEDIÇÕES DE *ÚRSULA*

A primeira campanha de subscrição do romance teve início em 17 de outubro de 1857, no jornal maranhense *A Imprensa*, com a publicação da primeira resenha de *Úrsula*, intitulada *Prospecto*, assinada por O Caixeiro d'Alfaiate (SOUZA, 2017; XIMENES, 2018). De acordo com Sérgio Barcellos Ximenes, essa foi uma campanha fracassada.

Após isso, somente em 18 de fevereiro de 1860, terá início a segunda campanha de subscrição do romance, também no jornal *A Imprensa*. Diferentemente, essa será uma campanha bem-sucedida, pois em 1º de agosto de 1860, será publicado o primeiro anúncio de venda do livro *Úrsula*, ainda no jornal *A Imprensa*, acompanhado da segunda resenha do romance em jornal maranhense.

Outras resenhas foram publicadas nos seguintes jornais: *Jornal do Comércio*, 4/8/1860; *A Moderação*, 11/8/1860; *A Verdadeira Marmota*, 13/5/1861, além da apreciação publicada em *O Jardim das Maranhenses*, 30/09/1861.

Entre 18/2/1860 e 17/9/1862, foram publicados um total de cinquenta anúncios de *Úrsula* nos periódicos maranhenses *A Imprensa, A Moderação, Publicador Maranhense* e *A Coalição*.

Após esse período, outras menções à obra no século XIX foram feitas nos seguintes periódicos: *Semanário Maranhense*, 3/11/1867; *(A) Esperança* (MA), em 1871; *O Espírito-Santense* (ES), 4/11/1871, esta, a única menção a obras de Maria Firmina fora do Maranhão, na mídia do século XIX (XIMENES, 2018); *Publicador Maranhense*, 16/11/1875; e, finalmente, no *Dicionário Bibliográfico Brasileiro*, de Sacramento Blake, em 1900.

A publicação da segunda edição de *Úrsula* foi lançada em 1975, uma edição fac-similar organizada por José Nascimento Morais Filho, com texto e prefácio de Horácio de Almeida, em comemoração aos 150 anos de nascimento da escritora (segundo o conhecimento da época).

2.2 ÚRSULA E A CONSTRUÇÃO DA SUBJETIVIDADE DA PERSONAGEM LITERÁRIA

Em 01 agosto de 1860[133], começou a circular na imprensa maranhense o primeiro anúncio de venda do romance *Úrsula*. Pronto já em 1857[134], começa a ser vendido somente em agosto de 1860, embora estampe o ano de 1859 na sua folha de rosto. Assinado apenas com a indicação "Uma Maranhense", essa obra entra para a história da literatura nacional por ser o primeiro romance de autoria feminina publicado no Brasil, em volume único e formato de livro[135]; por ser, supostamente, o livro inaugural da literatura de mulheres negras na América Latina; e ainda, por ser o primeiro romance brasileiro em que personagens negras expõem, sem a intermediação de um narrador, as suas visões de mundo e de liberdade[136], sendo por isso, o primeiro romance antiescravista feminino da língua portuguesa.[137]

---

[133] *A Imprensa*, ano IV, número 11, 18/08/1860.
[134] *A Imprensa*, 17/10/ 1857, ano I, número 40, página 3, segunda coluna (SOUZA, 2017, p.232).
[135] Provavelmente, formato brochura, pequeno, *in 12.º*, 198 páginas e mais o índice das matérias em uma página sem numeração.
[136] Ver Portal literafro disponível em: http://www.letras.ufmg.br/literafro/autoras/322-maria-firmina-dos-reis. Acesso em outubro de 2022.
[137] Mesmo ano em que José de Alencar publica o romance *O Guarani*, em folhetins, no jornal *Diário do Rio de Janeiro* e pu-

O tema do livro é o triângulo amoroso formado pela jovem *Úrsula*, seu amado Tancredo e por seu tio, o Comendador Fernando P. No entanto, este é apenas o plano principal das ações, porque em *Úrsula*, temos uma narrativa sobre o amor trágico entre uma mulher branca e um homem branco, entremeada pelos dramas das escravas e escravos, e atravessada pelas questões da opressão das mulheres pelos homens.

Na primeira narrativa, o escravo Túlio salva a vida do jovem Tancredo e leva-o para a casa de *Úrsula*, que cura seus ferimentos. Na segunda narrativa, Tancredo descreve e a sua vida de decepções e amores traídos. Na terceira, a mãe de *Úrsula*, Luíza B., também conta sua vida de abandono, decorrido do fato de seu casamento ter sido feito sem o consentimento da família. E na quarta narrativa, a velha africana Preta Susana rememora como era sua vida na África, conta como se deu a sua transformação em escrava e como foi a sua viagem de travessia do Atlântico no porão de um navio negreiro. Entretanto, aqui, os planos se invertem e a tragédia coletiva dos negros cativos adquire maior relevância que a história pessoal de *Úrsula* e Tancredo.

Analisando essa estrutura narrativa, vemos um enredo ideologicamente subversivo dentro de outro enredo de temática abertamente sentimental, bastante aceito pelo público leitor da época. Isso sugere que Firmina tenha escolhido trabalhar *intencionalmente* com a técnica de encaixe de narrativas, que lhe permitia evidenciar a experiência das personagens secundárias.

Diferente, por exemplo, da técnica narrativa utilizada por H.

---

blicado em suporte no final do ano. Foi o primeiro romance indianista brasileiro e primeiro romance de grande público no Brasil, fato que pode ter chamado a atenção da autora, já que ela publica seu texto ficcional em volume único, e na forma de folhetim que era o mais comum na época.

Stowe, em *A Cabana de Pai Tomás*, que consiste em narrar a história do herói (no caso, martirizado) e à sua volta, uma série de histórias secundárias, tão trágicas quanto às dele, assim, todos os personagens negros são vítimas, partilham o mesmo destino, e, portanto, homogeneizados.

Deste modo, defendemos que é provável que Maria Firmina tenha estabelecido um diálogo com o romance *A Cabana de Pai Tomás*, que foi um best-saler da época e funcionou como modelo para diversas narrativas que tratavam do tema da escravidão, diálogo esse expresso nas escolhas dos procedimentos formais do texto além dos temas e imagens trabalhadas que a levaram Maria Firmina a apresentar uma proposta inovadora de tratamento do tema e das personagens.

Firmina, portanto, teria negociado dentro dos parâmetros literários em vigor, as possibilidades de fazer emergir um contra discurso, crítico à realidade patriarcal e escravista do país, a qual, no plano artístico-literário, expressava-se por meio do apagamento dos negros enquanto sujeitos.

O livro foi publicado pela *tipografia Progresso*. É composto por vinte capítulos acrescidos de prólogo e epílogo. Destes, três são dedicados especialmente aos personagens negros, a saber: o capítulo IX, intitulado "A preta Susana"; o capítulo XVII, "Túlio" e "A dedicação", título do capítulo XVIII, que realiza a apresentação do escravo Antero. Neles, Firmina inaugura no romance brasileiro do século XIX a narrativa em primeira pessoa de personagens negras – Susana, Túlio e Antero são, assim, as primeiras personagens literárias negras brasileiras constituídas e representadas como sujeitos de suas trajetórias.

Fernanda Miranda, em artigo intitulado "A herança narrativa insurrecionista de Maria Firmina dos Reis"[138] defende que:

> Sem romper com o sistema literário vigente, a escritora mobilizou uma arquitetura de emoções, experiências, protesto e criatividade, em busca de uma linguagem narrativa que fosse capaz de expressar seu pensamento abolicionista. [...] caminhos que abriu e que abre na ordem discursiva, na ordem da narrativa. Através das personagens e seus atos-de-fala, do enredo, que promove as relações entre essas personagens e do contexto sócio-histórico, que emerge como elemento interno à narrativa, *Úrsula* deixou um legado que dialoga imensamente com as epistemes insurgentes que são atravessadas pela palavra liberdade [...] a partir do texto de Maria Firmina dos Reis, um universo representativo foi instaurado na ordem discursiva nacional, responsável por pensar a pessoa negra através de representações mais complexas.[139]

Observaremos como a essa arquitetura da forma de estruturar as narrativas adotadas por Maria Firmina dos Reis em seu romance *Úrsula* produz efeitos diferenciados na construção de seus personagens literários e de suas vozes narrativas. Eram efeitos inovadores para a literatura que estava sendo produzido na época.

Georg Lukács (1885-1971) em *A Teoria do Romance*[140] afirma que a individualidade dos personagens depende do deslocamento do equilíbrio de forças entre herói e personagens secundários (operado na transição da épica para o romance), tendendo a ser mais acentuada nas personagens marginais. Em suas palavras:

> Dante é o único grande exemplo de uma vitória inequívoca da arquitetura sobre a organicidade, e por isso constitui uma transição histórico-filosófica da pura epopeia para o romance [...] seus persona-

---

[138] MIRANDA, Fernanda Rodrigues de. A herança narrativa insurrecionista de Maria Firmina dos Reis. In: *A mente ninguém pode escravizar*. São Paulo: Alameda, 2022, p. 233-252.
[139] Idem, p. 236.
[140] LUKÁCS, Georg. *A teoria do romance*: um ensaio histórico-filosófico sobre as formas da grande épica. São Paulo: Duas Cidades; Editora 34, 2009 (2ª Ed.).

gens já são indivíduos que resistem consciente e energicamente a uma realidade que a eles se fecha e, nessa posição, tornam-se verdadeiras personalidades. E o próprio princípio constitutivo da totalidade de Dante é sistemático, superando a independência épica das unidades orgânicas parciais e transformando-as em verdadeiras partes hierarquicamente ordenadas. Tal individualidade, sem dúvida, é encontrada mais nos personagens secundários do que no herói, e a intensidade dessa tendência aumenta à medida que se afasta do centro ruma à periferia; cada unidade parcial conserva sua própria vida lírica, uma categoria que a antiga epopeia não conheceu nem podia conhecer" "Unificação dos pressupostos da épica e do romance e sua síntese em epopeia". "Dante contrapõe a hierarquia dos postulados satisfeitos, da mesma maneira que ele, e apenas ele, pode dispensar a superioridade social evidente do herói e seu destino que codetermina o da comunidade, pois a experiência de seu protagonista é a unidade simbólica do destino humano em geral.[141]

Para Lukács, na narrativa épica, o herói e seu destino co-determinam o destino de toda a comunidade. A narrativa da vida do herói se torna a unidade textual básica da forma épica, de modo que o herói será moralmente superior a todos os personagens. A narrativa romanesca, de outro modo, recusa a superioridade social evidente do herói alterando, deste modo, a hierarquia postulada pela forma épica, incorporando esse desnível entre personagens como característica formal fundamental. Na forma romance, a experiência do protagonista passa a representar a unidade simbólica do destino humano em geral, mas constituindo-se como unidade parcial do texto. Para Lukács, quando se desloca o equilíbrio de forças entre herói e personagens secundários as experiências dos personagens marginais se evidenciam e passam também as serem unidades parciais do texto literário, mas conservando sua própria

---

[141] LUKÁCS, 2009, p.68-69.

vida lírica. Partindo disso, afirmamos com relação à produção literária firminiana, que o deslocamento do equilíbrio de forças entre protagonistas e personagens secundários realizado por Firmina em *Úrsula* constitui os personagens negros enquanto unidades parciais do texto, cada um com sua vida lírica própria, dotados de personalidade e subjetividade. Lukács afirmará ainda que:

> O sujeito das formas épicas menores enfrenta seu objeto de maneira mais soberana e auto-suficiente [...] cativo [...] num destino rigidamente objetivado e formado [...] sempre é a sua subjetividade que arranca um pedaço da imersa infinidade dos sucessos do mundo, empresta-lhe uma vida autônoma e permite que o todo do qual ele foi retirado fulgure no universo da obra apenas como sensação e pensamento dos personagens. [...] A completude dessas formas épicas, portanto, é subjetiva: um fragmento de vida é transposto pelo escritor em um contexto que o põe em relevo, o salienta e o destaca da totalidade da vida; e a seleção e a delimitação trazem estampado, na própria obra, o selo de sua origem na vontade e no conhecimento do sujeito: eles são, em maior ou menor medida, de natureza lírica.[142]

De outro modo, entende-se que o personagem é um fragmento de vida transposto pelo escritor em um contexto que o destaca da totalidade. Desta forma, a seleção e a delimitação dos personagens têm origem na própria vontade e no conhecimento do escritor, esse fato determinará a natureza lírica dos personagens.

Para refletirmos melhor sobre essa questão delicada entre subjetividade narrativa e natureza lírica dos personagens, traremos uma passagem de Deleuze, que se encontra no livro *A Literatura e a Vida* e se trata do seguinte: "não há literatura sem fabulação, mas, como Bergson soube vê-lo, a fabulação, a função fabuladora não consiste

---

[142] Idem, p.48.

em imaginar nem em projetar um eu. Ela atinge, sobretudo, essas visões [visões de mundo], eleva-se até esses devires ou potências[143]".

A partir disso, podemos perceber como se dá na feitura da obra, a dinâmica por traz da qual se ajustam as instâncias narrativas no interior da obra literária, de forma a promover uma "depuração do lírico"[144] que capacita o escritor a manipular os elementos de sua realidade e articulá-lo com os elementos do universo literário e da linguagem, tendo por motivação, a clara intenção da configuração artística, mas também ética e estética, pois participam da composição de uma "visão de mundo". Os traços individuais do personagem fazem-no chegar a uma percepção: o personagem vê. No entanto, advertirá Deleuze, "não há literatura sem fabulação", essa função do escritor, contudo, não se limita a projetar um *eu*. Antes, ela deverá atingir essa "visão", elevar-se a esse devir, de modo que o próprio personagem se torna potência, subjetiva-se: o personagem fala.

Nesse sentido, não há como esquecer a forte frase emitida por Joana no conto *A Escrava* - que bem poderia estar na boca de Túlio, Susana ou Antero, em *Úrsula* -, em que ela afirma: *"Gabriel! Disse ela – não. Eu mesma. Ainda posso falar. E começou"*.

Prosseguindo na argumentação, temos no romance que o escritor compõe sua obra sobre um fragmento de uma vida humana, diferente do que ocorre na epopeia, a própria narrativa da vida. Outro ponto a salientar é sobre o fragmento de Lukács, quando afirma que o personagem é retirado da realidade [tanto da objetiva, quanto da subjetiva] aparecendo no universo da obra apenas como sensação e pensamento emitido por outros personagens.

---

[143] DELEUZE, Gilles. "A Literatura e a Vida". In: *Crítica e Clínica*. São Paulo: Editora 34, 2004, pp.11-16; p. 13.
[144] LUKÁCS, 2009, p.24.

Assim, entende-se que serão nos pensamentos e sensações apresentados pelos personagens que os elementos das instâncias objetivas e subjetivas serão entrelaçados, de sorte a revelar em suas relações e conflitos, bem como na extensão da natureza lírica dos personagens, a própria vontade e conhecimento do escritor. Assim, o ponto de vista do autor apresenta-se não como subjetividade apenas mas por uma operação interna que absorve essa contraposição à própria estrutura do romance, revelando-se como devir. Dessa forma, para o escritor, sua "atividade configuradora permanece uma **tomada de posição** diante de seus objetos[145]".

Com isso, por trás do problema da forma há uma questão que norteia as **forças** éticas e estéticas suscitadas pelo romance[146]. Quando a ética é tomada como pressuposto puramente formal, nota-se que atua de forma particular nos diferentes gêneros literários: no drama, promovendo a profundidade para alcançar a essência; na epopeia, a extensão que possibilita a totalidade; nos outros gêneros para equilibrar as partes integrantes e, por fim, no romance, ao contrário, "a ética é visível na configuração de cada detalhe e constitui portanto, em seu conteúdo mais concreto, um elemento estrutural eficaz da própria composição literária. Assim, é justamente a relação entre ética e estética que diferencia o romance de outras formas literárias, de tal modo que pôr a ética estar presente na configuração de cada detalhe, torna-se, no romance, um elemento estrutural da própria composição literária. Assim o romance aparece como um processo.[147]

Igualmente, Deleuze concebe a escrita como um processo, um devir; podendo ser compreendida como busca pelo imprevisto,

---

[145] Idem, p.52.
[146] LUKÁCS, 2009, p.70.
[147] Idem, p.72.

no caso do romance, esse espaço do imprevisto localiza-se numa zona de vizinhança e indiferenciação, um "estar entre".

Concordamos com o tradutor de *A Teoria do Romance* quanto à ideia de que:

> A ética como conteúdo da obra cria o descompasso entre a objetividade normativa da épica e a subjetividade que suporta a estrutura da forma. Ética da subjetividade criadora é o princípio unificador último do gênero – Voz do narrador – "passa juízo sobre si próprio e transforma a configuração *subjetiva* do destino em significado arquitetônico *objetivo* das partes isoladas; uma injunção ética que não entra como *conteúdo* da obra, ingressa na *forma*, não é, a princípio, uma voz adicionada à ficção, mas, sobretudo uma consciência que se faz presente por insinuar-se em cada detalhe, como diretriz arquitetônica *objetiva* das partes.[148]

Pretendeu-se na argumentação exposta, estabelecer parâmetros teóricos para o exame daquilo que poderíamos denominar como sendo um *processo de construção da subjetividade da personagem literária*. Assim, a partir da interpretação das ideias expressas por Lukács e Deleuze aplicadas à análise da construção dos personagens negros da obra de Maria Firmina, buscamos compreender como a escritora os constituiu enquanto representação de subjetividades negras, por meio de formas literárias específicas. É importante ressaltar aqui, que este processo pode ser observado em qualquer narrativa, desta maneira, não se trata de considerar a temática do negro (marginalizado na literatura da época, e da atual[149]) abordada na obra firminiana, como condição para o desenvolvimento de personagens subjetivados.

---

[148] Ibidem.
[149] Ver: DALCASTAGNÈ, Regina. Ausências e estereótipos no romance brasileiro das últimas décadas: alterações e continuidades. *Letras de hoje Porto Alegre*, v. 56, n. 1, p. 109-143, jan.-abr. 2021.

De tal modo, partindo desse processo, com relação à produção literária de Maria Firmina, é importante notar que os negros não ocupam um lugar marginal nas obras, mas, ao contrário, não são meros figurantes, antes, são elementos centrais, densos, fundamentais à narrativa.

Charles Martin, no prefácio à terceira edição de *Úrsula*, observa que o personagem negro não é apenas colocado na trama em pé de igualdade frente ao personagem branco. Mais que isto, para o autor, o personagem negro é a "base de comparação" para que o leitor aquilate o valor do jovem herói branco. Ou seja, no discurso do narrador onisciente, o negro é parâmetro de elevação moral. Tal fato, segundo ele, se constitui em verdadeira inversão de valores numa sociedade escravocrata[150].

Podemos notar no trecho acima que o deslocamento do equilíbrio entre herói e personagens secundários realizado por Firmina em *Úrsula* promove a elevação moral do personagem negro. Talvez, não tenha sido exatamente por isso que Maria Firmina tenha investido em estrear na cena literária com um romance e não com um folhetim, que era o mais usual na época. Fernanda Miranda faz uma argumentação interessante que ajuda a complementar nossas ideias cerca desse assunto:

> Dana, Ponciá, Sethe, Maria Vitória e tantas outras protagonistas de romances de autoras negras da diáspora, desamarram as cordas que sustentam a máscara na boca de Anastácia todas as vezes que uma leitora ou leitor as incorpora hoje em seus arquivos de imaginação e conhecimento sobre o passado. Não por acaso, são todas personagens de romances. A forma já é um índice de sentido. Toni Morrison, a única romancista negra condecorada com o Nobel em literatura, em

---

[150] DUARTE, Eduardo de Assis. Posfácio. In: REIS, Maria Firmina dos. *Úrsula*. 4 ed. Florianópolis: Mulheres, 2004; p.273.

entrevista dada a Paul Gilroy para seu livro O Atlântico negro (2001), diz que o romance é uma forma necessária para o povo negro[151].

Assim, o trabalho realizado por Maria Firmina dos Reis no sentido de constituir em seus textos literários personagens negras (escravos ou forros) a partir da representação de uma subjetividade fundada na experiência da liberdade, talvez seja um dos grandes legados de sua obra.

2.3 ÚRSULA E "A TEMPESTADE" NUM PONTO NEGRO – DIÁLOGO COM GONÇALVES DIAS

Após o prólogo de duas páginas, que trata da condição da mulher autora convocando-as a ocuparem o lugar da escrita e do espaço público, o romance *Úrsula* se inicia: A narradora[152] em terceira pessoa apresenta um cenário exuberante da Um pouco mais de três páginas de descrição da paisagem até que aparece um jovem cavaleiro melancólico, absorto e exausto, com uma fronte que parecia nobre e altiva, vestido com capote de lã, calçando luvas de camurça. De acordo com Maria Firmina, a combinação desses dois elementos - o traje e *este como que abandono de si próprio* – constituíam sinais de distinção social, de pertencimento à alta sociedade. O cavaleiro sofre uma queda. O cavalo, também esgotado, cai-lhe por cima, imobilizando-o. É quando, na sétima página, Túlio, "um pobre rapaz, que ao muito parecia contar vinte e cinco anos, e que

---

[151] MIRANDA, Fernanda. Realinhar memórias, produzir futuros: notas soltas sobre romancistas negras em roda. VASCONCELOS Eduardo; FERNANDEZ, Raffaella; SILVA, Régia Agostinho [organizadores] *Direito à literatura negra: história, ficção e poesia*. Teresina: Cancioneiro, 2022, p.44.

[152] Acerca da utilização do termo "narradora", nos dirá Ana Carla Rio: "A narrativa de *Úrsula* é construída a partir das ações das personagens e narradora. Utilizaremos o termo 'narradora', pois, conforme percebemos no prólogo, tais discursos duelam contra o patriarcalismo e traz elementos que identificam uma subjetividade peculiar que dialogam com os sofrimentos das personagens e estão sempre relacionados ao preconceito contra a mulher e o mandonismo patriarcal." RIO, 2015, p. 19.

na franca expressão de sua fisionomia deixava adivinhar a nobreza de um coração bem formado[153]", é introduzido na ação salvando a vida do cavaleiro e transportando-o até a casa da senhora Luisa B., onde esse cavaleiro, Tancredo, conhece *Úrsula*, filha dessa senhora e apaixonam-se.

Assim o personagem é caracterizado como virtuoso detentor de alma, sentimentos generosos de caridade, piedade, alteridade, somente no sétimo parágrafo dessa descrição é que a condição de escravo de Túlio será revelada. Com essa estratégia, Maria Firmina consegue criar, em seu leitor e em sua leitora, um efeito de empatia e de identificação imediata com o personagem, antes que possam ter tempo de fazer qualquer pré-julgamento.

"Nesse comenos alguém despontou longe, e como se fora **um ponto negro** no extremo horizonte. Esse alguém, que pouco e pouco avultava, **era um homem**, e mais tarde suas formas já melhor se distinguiam"[154]. **É deste modo que Firmina faz entrar em cena, em *Úrsula*, um escravo apresentado como homem: Túlio** – figura que abre o elenco de personagens negros as quais a escritora confere o estatuto de sujeito do discurso.

...

O poema "A tempestade", de Gonçalves Dias, presente em *Segundos Cantos*, publicado em 1848, assim como *Úrsula*, de Maria Firmina dos Reis, também aborda imagens e metáforas que procuram construir uma representação poética da escravidão e do negro escravizado. De acordo com Cilaine Alves Cunha[155], este é um

---

[153] REIS, 2004, 22.
[154] Reis, 2004, 21.
[155] Professora de literatura brasileira na Universidade de São Paulo (USP/ FFLCH), autora do livro "O Belo e o Disforme,

poema abolicionista, pois nele o poeta aborda a delicada questão da solução para a escravidão, posicionando-se diante de um debate importante na sociedade brasileira ligado à aprovação, em 1850, da lei Eusébio de Queirós, que proibia o tráfico negreiro. De um lado, havia a pressão inglesa pela interrupção do comércio negreiro, de outro, havia também temores internos ao próprio Brasil, em especial as ameaças constantes provenientes das revoltas de escravos. O poema se inicia da seguinte maneira:

> De cor azul brilhante o espaço imenso
> Cobre-se inteiro; o sol vivo luzindo
> Do bosque a verde coma esmalta e doira,
> E na corrente dardejando a prumo
> Cintila e fulge em lâminas doiradas.
> Tudo é luz, tudo vida, e tudo cores!
> Nos céus um ponto só negreja escuro!

Na composição do poema, o sujeito lírico contemplativo anota observações do objeto e faz o registro das percepções e dos sentidos, estabelecendo um jogo de contrastes entre luz e cores. Passa da luz para as trevas, das cores para a escuridão. A tensão se dá com o aumento e crescimento da tempestade, em contraste com a posição passiva, de contemplação do sujeito lírico. O autor prossegue:

> Eis que das partes, onde o sol se esconde,
> Brilha um clarão fugaz pálido e breve:
> Outro vem após ele, inda outro, muitos;
> Sucedem-se frequentes, — mais frequentes,
> Assumem cor mais viva, — inda mais viva,
> E em breve espaço conquistando os ares
> Os horizontes co'o fulgir roxeiam.

Álvares de Azevedo e a ironia romântica". As ideias para a interpretação do poema de Gonçalves Dias foram desenvolvidas a partir das aulas que assisti em seu curso, na disciplina Literatura Brasileira III, no primeiro semestre de 2016.

Qual mancha d'óleo em tela acetinada,
Que os fios todos lhe repassa e embebe;
Ou qual abutre do palácio aéreo
Tombando acinte, — no descer sem asas
Um ponto só, — até que em meia altura
Abrindo-as, paira majestoso e horrendo:
Assim o negro ponto avulta e cresce,
E a cúpula dos céus de cor medonha
Tinge, e os céus alastra, e o espaço ocupa.
A abóbada de trevas fabricada
Descansa em capitéis de fogo ardente!

O poema se estrutura na antítese construída entre um ponto invisível e a manifestação de uma tempestade. Esse ponto vai crescendo quantitativamente, assim como em intensidade, como uma estratégia de antecipação da tempestade. O mencionado "ponto negro" é como uma mancha de óleo que se esparrama pelo tecido, mas pode também ser comparado a ave de rapina, uma imagem ameaçadora que "para, abre as asas provocativamente".

A partir daí, a tempestade começa a ser assustadora, passa a ganhar aspectos humanos. Isso fica evidente nas seguintes imagens presentes na composição do poema: ventos enrolando arrancando as flores, que saem destruindo tudo, desde os mais insignificantes até a rocha. Não há como negar a possibilidade de se aproximar tais "pontos negros" à visão ameaçadora que se tinha, então, dos escravos no Brasil.

Gonçalves Dias trabalha exatamente as imagens da água e da dor: compara tempestade "confusa, barulhenta" "que parecem mil vozes" à agitação profunda na natureza, "negros fantasmas" que ondulam e ao mesmo tempo destroem castelos. Vê-se, por exemplo, nos cantos II e III:

II
Os sons da tempestade ao longe escuto!
Concentra a natureza os seus esforços
Primeiro que entre em luta; não lampeja
Ínvio fogo nos céus; não sopra o vento:
É tudo escuridão, silêncio e trevas!
Somente o mar de soluçar não cessa,
Nem de rugir as ramas buliçosas,
Nem de soar confuso borborinho,
Incompr'ensível, como que sem causa,
Imenso como o eco de mil vozes
No céu de extensa gruta repulsando.
Silêncio!perto vem a tempestade!
Grávidas nuvens de fatais coriscos,
Sem rumo, como nau em mar desfeito,
Eu muda escuridão negros fantasmas,
Indistintos, em forma, — ondulam, jogam.
Logo poder oculto impele as nuvens,
Atraem-se os castelos tenebrosos,
Embatem-se nos ares, — brilha o raio,
E o ronco do trovão após ribomba!
III
Ruge e brame, sublime tempestade!
Desprende as asas do tufão que enfreias,
Despega os elos do veloz corisco
E as nuvens rasga em rúbidas crateras.
Os fuzis da cadeia temerosa
Desfaz e quebra; e o espaço e as nuvens
Do teu açoite aos látegos bramindo,
Ocupem de pavor os céus e a terra,
Ruge, e o teu poder mostra rugindo;
Que assim por teus influxos me comoves,
Que todo me eletrizas e me arroubas![156]

---

[156] Grifos nossos.

As imagens podem ser traduzidas numa narrativa segundo a qual o negro ponto diminuto vai crescendo, crescendo, até tornar-se insurreição, "um eco de mil vozes", denotando a forte imagem dos escravos em insurreição social. Essas metáforas são compostas no sentido do temor da revolução dos escravos e de seu imenso poder de destruição "dos castelos", os quais podem ser tomados como símbolos da monarquia, então vigente.

Gonçalves Dias pode estar aludindo a fatos contemporâneos, como as revoluções e especialmente à Revolução do Haiti, que perdurou entre 1791 e 1804, tornando-se um grande perigo para as elites brasileiras. O poeta estaria, desta maneira, fazendo uma consideração do que poderia acontecer antecipando a tempestade; esse alerta sugere a intenção do autor em colaborar para a construção do "progresso social" e para a consecução de sua "missão como escritor", tarefas assumidas pelos românticos brasileiros do XIX.

A partir disso, o poema se estrutura na antítese construída entre um ponto invisível e a manifestação de uma tempestade. Esse ponto vai crescendo quantitativamente, assim como em intensidade, como uma estratégia de antecipação da tempestade.

Assim, ao tomarmos o momento em que Túlio aparece - o primeiro personagem negro a entrar em cena em *Úrsula* - notamos que algumas aproximações se tornam possíveis de serem feitas: ao lermos lado a lado *Úrsula* (1859) e "A Tempestade" (1848), a hipótese é de que Maria Firmina (assim como Sousândrade) pode estar dialogando com este poema de Gonçalves Dias ao apresentar seu personagem escravo. O primeiro personagem negro construído a partir da representação de uma subjetividade negra da história do romance oitocentista brasileiro entra em cena da seguinte maneira:

"Era apenas o **alvorecer do dia**, ainda as aves entoavam seus meigos cantos de arrebatadora melodia, ainda a viração era tênue e mansa, ainda **a flor desabrochada** apenas não sentira a tépida e vivificadora ação do **astro do dia, que sempre amante, mas sempre ingrato, desdenhoso, e cruel afaga-a, bebe-lhe o perfume, e depois deixa-a murchar, e desfolhar-se, sem ao menos dar-lhe uma lágrima de saudade!**... Oh! O sol é como o homem maligno e perverso, que bafeja com hálito impuro a donzela desvalida, e foge, e deixa-a entregue a vergonha, a desesperação, à morte! – e depois, ri-se e busca outra e mais outra vítima! [crescente] [...]

...Era apenas o alvorecer do dia, dissemos nós, e esse dia era belo como soem ser os do nosso clima equatorial onde a **luz se derrama a flux-brilhante, pura e intensa.**

Vastos currais de gado ali havia; mas tão desertos a essa hora matutina, que **nenhuma esperança havia de que alguém socorresse o jovem cavaleiro, que acabava de desmaiar. E o sol já mais brilhante, e mais ardente e abrasador, subia pressuroso a eterna escadaria do seu trono de luz, e <u>dardejava</u> seus raios sobre o infeliz mancebo!**

Nesse comenos alguém despontou longe, e como se fora um <u>ponto negro</u> no extremo horizonte. Esse alguém, que <u>pouco a pouco se avultava</u>, era um homem, e mais tarde suas formas já melhor se distinguiam"[157].

Os trechos assinalados demonstram pontos de afinidade entre as duas obras, seja pela sensibilidade poética seja na estrofe final, pelo modo de se referir aos sujeitos negros como "pontos negros" - e pelo ritmo crescente com que ambos constroem a narrativa. No romance, a narradora também anota observações do objeto e faz o registro das percepções e dos sentidos, só que neste

---

[157] Grifos nossos.

caso, ressaltando a luz do sol ("era só o alvorecer do dia") que vai cada vez mais ganhando em intensidade e força ao passo em que vai ganhando feições humanas: "astro do dia, que sempre amante, mas sempre ingrato, desdenhoso, e cruel afaga-a, bebe-lhe o perfume, e depois deixa-a"; "O sol é como o homem maligno e perverso, que bafeja com hálito impuro a donzela desvalida, e foge, e deixa-a".

Deste modo, a cena é apresentada a partir da antítese entre o sol/homem e a flor/mulher. A imagem da flor, frágil e impotente ao poder do sol, traduz, com imagens poéticas as relações de poder da sociedade patriarcal oitocentista.

> O sol quase sempre, na obra de Maria Firmina dos Reis, representa, simbolicamente, o poder masculino, e às vezes em que ele aparece forte, intenso, soberano, destrói os elementos mais frágeis da natureza, como a "branca rosa" personagem principal do poema, que metaforiza o emudecimento, a fragilidade da mulher situada em uma sociedade machista. O gênero masculino determina a construção dos estereótipos e das imagens que levam o feminino a ser determinado como frágil, assim como o sol possui o poder de ferir até as águas do imenso oceano:
> No seu cismar mimosos a flor sorriu
> À leda viração... O sol feriu
> As águas do oceano – e refluiu Luminoso, abrasado sobre a flor;

No parágrafo seguinte, a tensão da narrativa se descola da descrição poética e imagética, para a ação propriamente dita. Um cavaleiro desmaiado sob seu cavalo em um campo deserto e solitário, rodeado apenas do "sol já mais brilhante, e mais ardente e abrasador". Nota-se que Firmina, insiste nas metáforas luminosas, solares, diferente de Gonçalves Dias que passa da luz para a escuridão. Essa luz que gradativamente vai invadindo a cena reflete o poder despótico do patriarca (sol/homem), pois também "dardejava seus raios sobre o infeliz mancebo!".

Deste modo, a imagem poética de fragilidade da mulher (a flor) e a posição na ação narrativa do personagem (Tancredo), que também é de fragilidade, contrastam em poder e força com o sol – que é a imagem poética do homem branco, dominador (Fernando P.). É nesse momento que alguém (Túlio) desponta longe e como se fora um - **ponto negro** - no extremo horizonte.

Percebemos aqui que, ao apresentar seu personagem negro e escravo, Maria Firmina se utiliza da metáfora do ponto negro, utilizada também por Gonçalves Dias no poema "A Tempestade", mas de tal maneira, que, ao contrário de Gonçalves Dias, que de um mísero ponto negro compõe uma grande tempestade negra, ameaçadora que avança sobre toda a cena, Firmina introduz, pouco a pouco, um ponto negro que só mais tarde é que melhor se distingue e se avulta e se revela como um homem, mas não um homem ameaçador e sim um indivíduo, um sujeito. Maria Firmina dos Reis segue com a narrativa:

> Trazia ele um quer que era que de longe mal se conhecia [...] Todavia essa carga era bastante leve – **um cântaro ou uma bilha; o homem ia sem dúvida em demanda de alguma fonte.** Caminhava com cuidado, e parecia bastante familiarizado com o lugar cheio de barrocais, e **ainda mais com o calor do dia em pino, porque caminhava tranquilo**[158].

Analisando este último trecho selecionado, pode-se notar que o personagem que entra em cena com "um cântaro ou uma bilha;" que "ia sem dúvida em demanda de alguma fonte", pode estar

---

[158] Grifos nossos.

em diálogo direto com a imagem da água utilizada por Gonçalves Dias em "A Tempestade", e citada por Bosi como uma figura recorrentemente utilizada na poesia do romantismo, principalmente associada à dor e à tristeza. A narradora de *Úrsula*, contudo, mal consegue ver o que o homem carregava, mas não tem dúvidas de que o personagem está em procura de uma fonte.

A imagem da água nesta cena composta por Maria Firmina não está associada à fúria e à destruição, mas sim, à ideia de tranquilidade, de fonte vivificadora, uma vez que na sequência da ação narrativa, Túlio – **o ponto negro surgido no horizonte** –, levará a água da fonte que restituirá a vida ao mancebo em apuros, debilitado, desmaiado sob seu cavalo. Nesse sentido é o oposto do **"ponto negro"** que em Gonçalves Dias transforma-se em tormenta, em ameaça, em destruição. Ao contrário, Túlio emerge como o único que pode salvar, porque parecia estar bastante familiarizado à luz (ou às Luzes); "e ainda mais com o calor do dia em pino, porque caminhava tranquilo".

Assim, o personagem Túlio, do romance *Úrsula*, de Maria Firmina dos Reis, entra em cena como um ponto negro que surge iluminando todo o cenário e, nessa aparente contradição, a autora nos apresenta outra possibilidade de lermos o mundo. Este ponto negro luminoso que surge no horizonte e restitui a humanidade do próprio homem branco, representado pelo personagem Tancredo, reorganiza os significados simbólicos das hierarquias, equiparando os dois personagens, e, ao fazer isso desse modo, a escritora promove o realinhamento das expectativas do próprio leitor ou leitora.

O que vislumbramos, então, nesse horizonte firminiano que se abre? O que esta *luz negra* desvenda do oculto? Através dessa luminosidade negra, vemos surgir a própria imagem do sujeito negro do pós-abolição: serão homens e mulheres procurando consolidar um contexto em que predomine a liberdade, a igualdade e a dignidade entre pessoas negras e brancas; ao mesmo tempo em que buscarão ocupar os lugares sociais nesse novo ordenamento que se desenha, mas que ainda continuaria resistente à sua presença. Maria Firmina faz assim, um exercício de imaginar um futuro para as pessoas negras na sociedade do pós-abolição, mas ela imagina um futuro que também reconcilie suas vidas com os lastros de sua ancestralidade.

A nosso ver, essa imagem fabulada criticamente por Maria Firmina dos Reis há mais de 160 anos, dialoga muito bem com as formulações da filósofa e escritora Denise Ferreira da Silva expressas abaixo:

> A luz negra como outra possibilidade de ler o mundo como conhecemos. A luz negra postulada na forma generativa, um conhecimento que demanda outras ferramentas para ser apreendido. A luminosidade da luz negra revela o que está oculto, transparente em conformidade com a norma. Trazer esse pensamento nos tempos de hoje é um exercício de experimentação sobre o fazer futuro e o mundo; uma experimentação implicada nos rastros para a ancestralidade[159].

Com relação a tudo o que foi exposto, é importante notar que quando partirmos somente do arcabouço de críticos canônicos, cujas concepções nem sempre são suficientes para a compreensão de autores à margem do cânone, como é o caso da autora Maria Firmina dos Reis, reduzimos significativamente as nossas possibilidades de análise e abordagens, exatamente porque, concordando com Denise Ferreira, essa "luz negra postulada na forma generativa

---

[159] FERREIRA da SILVA, 2019, p.15

[requer um] conhecimento que demanda outras ferramentas para ser apreendido".

Depreende-se do exposto acima que Maria Firmina dos Reis, apesar de aparentemente estar isolada na pequena vila de Guimarães, teve contato com autores e obras que, segundo Antonio Candido, "formam um conjunto da maior importância na história da nossa vida mental". José Veríssimo destaca a vida cultural do Maranhão como um ambiente mais profícuo do que hoje se supõe:

Desde o momento da Independência até os anos de 1860, isto é, durante cerca de quarenta anos, ilustraram o Maranhão e lhe mereceram a alcunha gloriosa de Atenas brasileira. Beneméritos de mais demorada atenção e maior apreço pela sua importância literária e parte em a nossa literatura, são os já mencionados" (Veríssimo 1915: 103).

O maior exemplo da inserção de Maria Firmina nos debates literários de seu tempo é o modo com que procurou dialogar com obras que teve acesso, em especial aqui, a poesia de Gonçalves Dias. A autora, portanto, estava situada em seu tempo, mas isso não significa negar sua agência, ou seja, sua capacidade de escolher os interlocutores ou o desejo de inscrever um marco autoral à sua produção.

A hipótese é a de que Maria Firmina dos Reis dialogou com autores, obras e aspectos da tradição literária estabelecida no romantismo brasileiro, estando, portanto, apta a compor esta tradição e a ocupar seu espaço devido na História literária brasileira. Embora a escolha tenha sido posicionar Gonçalves Dias como um parâmetro a partir do qual Maria Firmina poderia ser lida para ser assumida pelo cânone, é necessário considerar, também, que ela estabelece fraturas significativas para este cânone.

...

Maria Firmina dos Reis constituiu em seu tempo uma fala dissonante, um ponto de vista que buscou romanticamente revisar o mundo, a mulher e o negro. Acreditamos que a escritora pode ter partido de um lugar comum que ia se firmando no campo intelectual e na sociedade brasileira em geral, para demarcar sua visão de mundo e marcar, com isso, a diferença na incipiente literatura romanesca do XIX, além de situar seu espaço no interior do debate antiescravista de seu tempo.

Assim, compreendemos que Maria Firmina dos Reis viveu os primeiros quarenta anos de sua vida (período que coincide com a fase de formação dos primeiros escritores românticos) em relativo contato com um ambiente de intelectuais cultivados e, além disso, participou dos espaços de difusão artística e cultural - fazendo também circular por ele suas obras literárias. Deste modo, acompanhando os estudos de Alfredo Bosi, Antonio Candido e José Veríssimo (este, contemporâneo de Firmina falecido um ano antes dela) defendemos ser possível afirmar que Maria Firmina está inserida no meio considerado por estes estudiosos como um importante espaço de formação da história literária brasileira, absorvendo-lhe os elementos, porém, expressando-os de forma, como bem queriam os românticos, renovada, diferenciada, por outro viés. Ela dialoga ideologicamente e formalmente com obras hoje consideradas referências na história da literatura brasileira do século XIX, mostrando-se estar inserida em um "diálogo com os clássicos", no sentido de romper ou dar continuidade e desenvolvimento a elementos literários predominantes, destacando-os em sua obra como resposta ética e estética ao debate antiescravista nascente.

Maria Firmina dos Reis, inteirada nesse debate, parece ter partido das imagens constituídas na imprensa e na literatura de sua época, bem como daquelas que circulavam no debate público dos salões, para compor sua obra como uma resposta consciente que articulou elementos formais e ideológicos para, a partir de um trabalho intencional sobre os processos de configuração artística, finalmente, apresentá-los à sociedade de sua época como uma novidade.

3. GUPEVA

> Era uma bela tarde: o sol de agosto animador e grato declinava já seus fúlgidos raios; no ocaso ele derramava um derradeiro olhar sobre a terra e sobre o mar que, a essa hora mágica do crepúsculo, estava calmo e bonançoso, como uma criança adormecida nos braços de sua mãe.
>
> Maria Firmina dos Reis, *Gupeva* (1861).

Gupeva é o título de uma novela indianista em cinco capítulos. Publicado originalmente em versão incompleta, no periódico semanal "O Jardim das Maranhenses", entre outubro de 1861 e janeiro de 1862, em São Luís, esse conto/novela trata da história do índio Gupeva e sua filha, Épica.

A ação acontece na Bahia, mas discute desencontros, incesto e miscigenação entre franceses e Indígenas. Na trama, Épica se apaixona por Gastão, um marinheiro francês de origem nobre, assim como teria acontecido a sua mãe no passado, que viajou para a França, apaixonou-se e engravidou de um conde francês, que a abandonou quando soube que ela esperava uma criança. De volta ao Brasil, casou-se com Gupeva, mas morreu ao dar à luz a uma filha. Gupeva decide cuidar da menina após a morte da esposa, colocando nela o mesmo nome da mãe.

Por meio de flashback, Gupeva relembra para Gastão o passado da mãe de Épica. Descobre-se, então, que havia um impedimento na relação do casal, o amor entre Gastão e Épica transforma-se num grande tabu, porque os dois eram irmãos, filhos do mesmo pai, o conde francês.

OLHANDO PARA OS PERSONAGENS

Gupeva, pai de Épica, é identificado como um grande guerreiro da tribo dos tupinambás. Representado como homem correto, apaixonado, protetor, corajoso, entretanto, vingativo quando tem sua honra ofendida, característica que o aproxima do herói romântico - movido pelo rancor, ataca o jovem Gastão a ponto de matá-lo.

Gastão é um francês que ocupa o cargo de primeiro oficial da Marinha. Apaixonado por Épica e é descrito fisicamente como um homem belo com grandes olhos negros, esbelto e juvenil. É um homem apaixonado e sonhador que sofre com a possibilidade de não poder vivenciá-lo. A morte lhe parece mais agradável que a vida sem amor.

Alberto, amigo de Gastão é um moço jovem de nacionalidade portuguesa. É representado como alguém de coração rude, que privilegia sua posição social e não as aventuras amorosas. Tipificado como o colonizador que vê a terra colonizada e seu povo como objetos de exploração.

As duas personagens, mãe e filha, são nomeadas Épica e têm semelhante: ambas são belas, puras, angelicais, visões celestiais de mulher. Na visão de Alberto, a indígena brasileira é descrita como mulher selvagem, sem nascimento e sem prestígio. Contrariamente, Épica, a filha de Gupeva, chega a ser para Gastão, superior às mulheres da europa.

O texto de Maria Firmina se aproxima do poema *I-Juca Pirama*, de Gonçalves Dias, publicado em 1851, ao representar o elemento indígena como bravo e heroico; e dialoga com o texto *Caramuru*, do Frei José de Santa Rita Durão, de 1781, nomeando seu protagonista com o mesmo nome do personagem Gupeva.

Dessa forma, Maria Firmina dos Reis fez a sua contribuição ao indianismo brasileiro contestando a tese de que a colonização indígena no Brasil tenha acontecido de forma harmônica e ressaltando os efeitos violentos da mestiçagem, distanciando-se, assim, da posição de José de Alencar, um dos maiores representantes da tendência indianista na literatura do século XIX.

3.1 *GUPEVA* NO ESPELHO DE ÁLBUM

Após a primeira publicação da novela, a versão completa e revista de *Gupeva* foi publicada ainda mais duas vezes nos periódicos maranhenses do XIX: em 1863, no jornal "Porto Livre" – Jornal Político, comercial e Noticioso e em 1865, no periódico "Eco da Juventude" - Publicação Destinada à Literatura[160]. Nessa obra, pode-se observar o cuidado de Firmina com sua produção literária, pois em diversas partes do texto ela realiza alterações significativas.

Examinaremos, a seguir, quais operações foram realizadas pela escritora nesse processo de reescrita e revisão do seu texto. Para isso, vamos olhar mais detidamente para uma dessas alterações. Trata-se do trecho que abre o capítulo IV da obra. Assim, no dia 23 de maio de 1863, foi publicado o quarto capítulo de *Gupeva*, um capítulo ainda inédito, pois a primeira versão foi descontinuada no segundo capítulo. Abaixo, transcrevemos o início do capítulo como consta no periódico:

---

[160] Em 1975, José Nascimento Morais Filho publica a versão atualizada do texto no livro *Maria Firmina – fragmentos de uma vida*.

Gupeva
Romance Brasiliense
IV.

Era alta noite, <<começou o índio com uma voz a vernosa e convulsa - >> o vento ciciava entre os palmares, e a lua, era perpendicular sobre a copa das árvores annosas das nossas matas.

Aqui, no pico deste rochedo, no lugar mesmo em que nos achamos, um homem ouvia, com o coração saturado de fel, a dolorosa confissão de uma mulher criminosa. Só o acento magoado, e tremulo de sua voz chorosa, quebrava o silencio do lugar: silencio (telúrio?) e medonho, como o que ella dizia.[161]

No dia 2 de abril de 1865, na terceira versão da novela, publicado no "Eco da Juventude" esse mesmo quarto capítulo apresenta algumas modificações, conforme transcrito abaixo:

GUPEVA
Romance Brasiliense
(conclusão)
IV.

— "**Era alta noite**, – prosseguiu ele, com uma voz cavernosa, – o vento ciciava entre os palmares, **e a lua, prateando a superfície das águas, passava melancholica** por cima destas árvores annosas. **A sururina desprendia o seu canto harmonioso**; na mata ondulava um vento gemedor, **e o mar quebrava-se nas solidões da praia. Sobre o cume deste mesmo rochedo**, mancebo, **a essa hora da noite, silenciosa, e erma**, um jovem indio, e uma donzzela americana, que o céo, ou o inferno havia unido em matrimônio, naquelle mesmo dia, em confidência dolorosa, tragava até as fezes o amargor da deshonra, e da ignomínia. De joelho a mulher fazia a mais custosa, e triste confissão, que jamais cahio dos lábios de uma mulher.[162]

---

[161] Disponível em: http://memoria.bn.br/docreader/DocReader.aspx?bib=749516&pagfis=196. Acesso em outubro de 2022.
[162] Grifos nossos. Disponível em: http://memoria.bn.br/docreader/DocReader.aspx?bib=738271&pagfis=133. Acesso em outubro de 2022.

Esses dois fragmentos antecedem a confissão de Épica, no dia de seu casamento com Gupeva, que revelaria que ela estava grávida de outro homem. Vamos comparar os dois trechos à luz do diário da autora. Ao visitarmos à primeira entrada do diário de Firmina, é possível sustentar que a autora tenha retomado esse texto para realizar as revisões e alterações que julgou pertinentes para encorpar o texto de *Gupeva* de significados e descrições, pois fica evidente que ela trabalha as mesmas imagens e elementos presentes na anotação de janeiro de 1853, e que estão destacados abaixo:

UMA LÁGRIMA SOBRE UM TÚMULO

"**Era a hora do silêncio** e do repouso, **hora mágica** – misteriosa – grande – sublime – majestosa como Deus! **Triste, melancólica** como a imagem do túmulo... porém que [...] para a minha alma, por isso que **minha alma ama a melancolia**!!... E eu te saudava, hora mágica – e sublime!!! **E eu subia no cume do rochedo**... E tu eras grande – e misteriosa como o mesmo Deus!!!...

Doze horas soaram... A noite estava silenciosa – e erma. E eu estava sobre o cume do rochedo. Era o silêncio dos túmulos que aí reinava!!! hora santa – e respeitável, como a imagem de Deus – eu te saudava!...

Ao longe Álcion **gemia, gemia**, sobre as águas – **e o mar mansamente beijava as cavidades do rochedo.**

[...]

e o mar que alvejava no seu leito, – e a brisa do Sul que me rociava as faces

[...]

E os raios da lua começavam a pratear as águas... e um branco sudário se desdobrava, sobre a terra ainda revolta da sepultura.[163]

---

[163] Grifos nossos.

É notável que as cenas se passem durante a "alta noite" ou "doze horas"; e, por sua vez, em ambos os textos, que a autora destaque que "a noite estava, silenciosa - e erma"; é notável ainda que as duas cenas estejam ambientadas sobre "cume do rochedo" e que para descrevê-las a autora se utilize das mesmas expressões, como "a lua prateando as águas"; "o mar quebrando ou alvejando" a praia; os cantos dos pássaros "Alcíon", ou "surinana" atravessando as paisagens; e que tudo isso destaque a profunda "melancolia" que envolve os dois cenários: a perda pessoal e irreparável da própria escritora e a perda da "honra", também irreparável, da personagem Épica. Talvez, a autora tenha revisitado o texto mais dramático de seu diário para imprimir também maior dramaticidade à sua obra.

Vale destacar ainda, que a palavra rochedo aparece apenas outra vez, no inicio do segundo capítulo da novela, a cerca dele Maria Firmina faz algumas modificações. Na primeira versão, publicada em 13 de janeiro de 1862, no "Jardim das Maranhenses", o trecho que traz a palavra rochedo aparece da seguinte forma: "As nuvens, arqueavam-se negras, sobre os rochedos, por entre os quaes insinuava-se elle louco de esperanças, e de amor"[164].

Na segunda, que saiu em 6 de maio de 1863, podemos notar que há uma alteração na pontuação e na conjugação do verbo arquear, que pode ser também um erro tipográfico: "As nuvens, arqueavão-se negras sobre o rochedos, por entre os quaes insinuava-se elle louco de esperanças, e de amor"[165].

Já na terceira versão, apresentada em 19 de março de 1865, vemos que Firmina trabalha mais sobre a construção promovendo uma substituição da palavra rochedo pelo termo outeiros e acrescen-

---
[164] Disponível em: http://memoria.bn.br/docreader/DocReader.aspx?bib=761265&pagfis=34. Acesso em maio de 2022.
[165] Disponível em: http://memoria.bn.br/docreader/DocReader.aspx?bib=749516&pagfis=190. Acesso em maio de 2022.

tando adjetivos para Gastão e para Épica: "As nuvens, arqueavam-se negras, sobre os outeiros, por entre os quaes insinuava-se, louco de esperanças, o jovem adorador da filha dos palmares"[166].

Essas alterações sugerem que Firmina revisava detalhadamente os significados que buscava atribuir ao seu texto.

---

[166] Disponível em: http://memoria.bn.br/docreader/DocReader.aspx?bib=738271&pagfis=118. Acesso em maio de 2022.

4. *A ESCRAVA*

> — Era uma tarde de agosto, bela como um ideal de mulher, poética como um suspiro de virgem, melancólica e suave como sons longínquos de um alaúde misterioso.
>
> Maria Firmina dos Reis, *A Escrava* (1887)

"Gabriel! Disse ela – não. Eu mesma. Ainda posso falar. E começou:", a partir desta fala, Joana – personagem de *A Escrava*[167], conto escrito por Maria Firmina dos Reis -, inscreve-se, de forma derradeira à humanidade. Trata-se de uma passagem de uma narrativa curta que possui por volta de vinte páginas, publicada originalmente em 1887, na *Revista Maranhense*[168], periódico que circulou na então província do Maranhão e com o qual Firmina colaborou em seu segundo[169] e terceiro números.

A cena acontece em um salão com pessoas "da sociedade" discutindo diversos temas até que se inicia um debate sobre o "elemento servil". Então, naquele instante, devido à importância do assunto, a discussão torna-se mais intensa, as opiniões divergem e é

---

[167] FIRMINA, Maria. *"A Escrava"*. (Conto): 1887: Revista Maranhense, nº 3. Republicado em José Nascimento Morais Filho "Maria Firmina – Fragmentos de uma vida". Imprensa do Governo do Maranhão, 1975.

[168] A Revista Maranhense surgiu em 1887, era uma publicação regional, mensal, literária e científica, escrita por rapazes de classe média e famílias tradicionais, possuía quatro redatores. Circulava em São Luís e em vários municípios do interior, abrangendo pontos bem distantes em boa parte do Estado. Para fazer o trabalho de divulgação cada região tinha seus correspondentes, os chamados "sócios colaboradores" que na sua maioria eram mulheres, principalmente professoras. **Ver:** "Revista maranhense: veículo de divulgação científica no estado do maranhão"; LIMA, Maria Eliana Alves; OLIVEIRA, Antonio José Silva. http://www.cienciamao.usp.br/dados/snef/_revistamaranhenseveiculo.trabalho.pdf

[169] *Revista Maranhense* – outubro, nº2, 1887– "A estremecida Madasinha Serra" (poema).

aí que surge *"uma senhora"* (não nomeada por Firmina durante toda a narrativa) que toma a palavra e passa a centralizar o debate a partir de uma perspectiva abolicionista. Essa *"uma senhora"* se torna, assim, a narradora da trágica história da personagem Joana, uma escrava em fuga. Maria Firmina inicia o conto da seguinte maneira:

> "Em um salão onde se achavam reunidas muitas pessoas distintas, e bem colocadas na sociedade e depois de versar a conversação sobre diversos assuntos mais ou menos interessantes, recaiu sobre o elemento servil. O assunto era por, sem dúvida, de alta importância. A conversação era geral; as opiniões, porém, divergiam. Começou a discussão.
>
> - Admita-me, disse uma senhora de sentimentos sinceramente abolicionista: faz-me até pasmar como se possa sentir, e expressar sentimentos escravocratas, no presente século, no século dezenove! A moral religiosa e a moral cívica aí se erguem, e falam bem alto, esmagando a hidra que envenena a família no mais sagrado santuário seu, e desmoraliza, e avilta a nação inteira!"[170]

A senhora em questão passa a narrar a trajetória de Joana, que poderia ser resumida a de uma escrava que foi libertada aos cinco anos de idade e, após dois anos de vivência como liberta, foi "reescravizada". Indignada com sua sina, fugia constantemente. Enlouquece com a violência da escravidão e devido ao trauma decorrente da separação dos filhos - seus filhos gêmeos, de oito anos, Carlos e Urbano - que foram vendidos no tráfico interprovincial[171] e levados para o Rio de Janeiro. É interessante notar que a loucura, nessa caracterização, adveio-lhe como consequência das marcas da violência, tanto objetivas quanto subjetivas, a que foi submetida. Ou seja, sua loucura é produzida

---

[170] REIS, Maria Firmina, 2004; p.241.
[171] Régia Agostinho Silva afirma em obra já citada que o "tráfico interprovincial separou milhares de mães e filhos cativos. A partir da proibição do tráfico negreiro atlântico, O Maranhão se constituiu como exportador de escravos no tráfico interprovincial" Ela apresenta tabelas de vendas de escravos, além de analisar anúncios de venda de escravos em jornais maranhenses da época. Ver: SILVA, Regia Agostinho; 2013: p.121.

pelas marcas subjetivas deixadas pela perda dos filhos, pelo desejo de recompor sua vida, e pelas marcas objetivas produzidas pelo cativeiro, pelos castigos, pelas sequelas do regime escravista.

Em sua última fuga, essa *"uma senhora"*, auxiliara-a escondendo-a do feitor, até que chega Gabriel, também filho de Joana, em sua procura. Essa *"senhora"* lhes oferece proteção e os leva para sua casa. É a partir desse lugar que ocorre o depoimento: a narrativa da vida e da morte da escrava Joana e, ao mesmo tempo, a libertação de Gabriel graças a essa mesma senhora que lhe compra a liberdade, gesto audacioso, feito à revelia do senhor Tavares[172], proprietário de Joana e seu filho. Tal "senhora" então reflete sobre o sistema em vigor no Brasil, para a personagem, a escravidão sempre será um mal sob qualquer perspectiva. Tanto a moral quanto a comercial, "porque o comércio e a lavoura caminham de mãos dadas e o escravo não pode fazer florescer a lavoura porque o seu trabalho é forçado. Ele não tem futuro, o seu trabalho não é indenizado".[173] Nota-se aqui que Maria Firmina se utiliza do argumento econômico em defesa do direito de indenização dos escravizados.

Como se percebe, a escravidão é tratada como um "grande mal", capaz mesmo de provocar a decadência econômica de um país, além dos prejuízos raciais e humanos que proporcionaria. Nesse conto, Maria Firmina assume assim uma postura claramente política.

Para além desses elementos que certamente são fundamentais na análise, gostaríamos de somar um quarto ponto, não

---

[172] "Teu filho está sob minha proteção, e qualquer que seja a atitude que possa assumir esse homem, que é teu senhor, **Gabriel não voltará mais ao seu poder**˙ Detém-te! Lhe gritei eu. **Estás sob minha imediata proteção**; e voltando para o homem de azorrague, disse-lhe: - Tranquiliza-te, lhe tornei com calma; **não te hei já dito que te achas sob a minha proteção?** Não tem confiança em mim? - **Que significam essas palavras, minha querida senhora?** Não a compreendo. - Vai compreender-me, retorqui, **apresentando-lhe um volume de papéis subscritados e competentemente selados.** Rasgou o subscrito, e leu-os. **Nunca em sua vida tinha sofrido tão extraordinária contrariedade.**" REIS, Maria Firmina; 2004; 262. Grifos da autora.
[173] REIS, Maria Firmina; 2004: p.242.

explorado pela intérprete, a saber: a questão da *liberdade*. Observada a partir da obra de Firmina, entendemos por liberdade, por um lado, o conjunto de negociações objetivas que se dão em torno da conquista da carta de alforria, que transforma o status do negro escravizado para o de negro forro, ou liberto. Contrapõe-se a esse sentido, à ideia de liberdade como a prática da própria vontade, por parte do indivíduo, essa seria a dimensão subjetiva da liberdade apresentada por Firmina.

Dessa forma, prosseguindo com a narrativa no conto, Joana morre de exaustão imediatamente após narrar suas memórias. A passagem abaixo deixa isso claro:

> Deixa concluir, meu filho, antes que a morte me cerre os lábios para sempre... deixa-me morrer amaldiçoando os meus carrascos.
> - Por Deus, por Deus gritei eu, tomando a mim, por Deus, tomado as mãos do cruel traficante: meus filhos!... meus filhos!
> Mas ele dando um mais forte empuxão, e ameaçando-os com o chicote, que empunhava, entregou-os a alguém que os devia levar...
> Aqui a mísera calou-se; eu respeitei o seu silêncio que era doloroso, quando lhe ouvi um arranco profundo, e magoado:
> Curvei sobre ela. Gabriel ajoelho-se, e juntos exclamamos: - Morta! Com efeito tinha cessado de sofrer. O embate tinha sido forte demais para suas débeis forças[174].

Ao procurar contar sua trajetória, a mestiça inicia sua fala afirmando uma condição: a de liberta[175]. *"- Minha mãe era africana, meu pai de raça índia, mas eu de cor fusca.* **Era livre***, minha mãe era escrava.*[176]*"*

Na estrutura das relações sociais da época, havia marcadamente uma diferença entre os diferentes acessos aos recursos

---

[174] REIS, Maria Firmina; p. 258.
[175] Veremos abaixo, no capítulo 3 dessa dissertação, a diferenciação entre a categoria livre e liberto pela ótica da personagem Preta Susana, do romance Ursula.
[176] REIS; 2004, p.254.

disponíveis (objetivos e simbólicos) na sociedade, possíveis ao negro e ao mestiço. Maria Firmina pode ter tensionado pontuar isso. Assim, nascida escrava pôde viver a liberdade, mas, no entanto, morrerá como escrava. Tal destino trágico foi marcado por outros sofrimentos, dentre eles o de ter sido vítima das falcatruas de um branco desonesto, o senhor Tavares, que vendera uma falsa carta de liberdade ao pai da personagem.

Firmina cria, assim, uma polarização entre: a mestiça que tem sua liberdade comprada pelos pais/ honesta x o branco/ senhor/ desonesto. O pai não é nomeado no conto. Contudo, sabemos que era de ascendência indígena, não cativo, e casara-se com sua mãe, escrava negra, propriedade do sr. Tavares. Na história, os pais juntaram dinheiro e compraram a liberdade da filha quando ela tinha apenas cinco anos. Como atestado da transação, seu pai recebera, em troca, um papel, o qual dois anos mais tarde, por ocasião de sua morte, mostrou-se sem validade[177]. Seu pai morre repentinamente, sem ter consciência de que por não saber ler, fora enganado.

A partir daí, Joana vive todo o restante de sua vida como escrava, ou seja, na condição de sujeitada.

4.1 *ÚRSULA* E *A ESCRAVA* - "O REGRESSO" AO TEMA DA ESCRAVIDÃO

Se em *Úrsula* Firmina denuncia a condição das mulheres e do negro na sociedade do século XIX, demonstrando uma nova

---

[177] Isso aparece no seguinte trecho: "Um dia apresentou [o pai de Joana] a meu senhor a quantia realizada, dizendo que era para o meu resgate. **Meu senhor recebeu a moeda sorrindo-se** – tinha eu cinco anos – e disse: **A primeira vez que for à cidade, trago a carta dela. Vai descansado.** Custou a ir à cidade; quando foi demoro-se algumas semanas, e quando chegou entregou a meu pai uma folha de papel escrita, dizendo-lhe: - Toma, e guarda, com cuidado, é a carta de liberdade de Joana. Meu pai não sabia ler; de agradecido beijou as mãos daquela fera. Abraçou-me, chorou de alegria, e guardou a suposta carta de liberdade"; Firmina, op cit, p.254.

ótica no tratamento dado à questão de caracterização *sujeito negro*, em *A Escrava* ela situa o lugar da mulher no mundo político e cultural. O conto trata da questão da maternidade da mulher negra escravizada, centrando a atenção às cenas de separação entre mãe e filho, além de discutir também a questão da alforria, da reescravização e da liberdade.

Assim, trinta anos após a composição do seu texto de estreia, Maria Firmina dos Reis revisita temáticas e as suas estratégias discursivas.

A exemplo do que acontece em de *Úrsula*, o conto *A Escrava* também possui uma estrutura de narrativas sobrepostas. Essas narrativas estão organizadas em dois planos principais de ação: o primeiro acontece em cenário fechado, situado em um salão de festas e o segundo plano acontece em cenário aberto, nas proximidades da costa. No primeiro plano a narradora personagem expõe ideias diante de uma plateia, no segundo, ela narra a história da personagem Joana, e no interior dessa narração, Joana passa a ser a protagonista e a narradora de sua própria história.

A narradora personagem não recebe nome e esse anonimato, consequentemente, configura-se, por si próprio, como denúncia do silenciamento a que as mulheres ainda estavam submetidas, mesmo após trinta anos das críticas que a autora teceu no prólogo que discute a questão da condição da mulher na sociedade patriarcal e que abre o seu romance *Úrsula*.

Por meio desse recurso literário, Firmina cria um plano dual na narrativa porque dá voz a todas as mulheres (anonimato) e "ao mesmo tempo revela o apagamento da mulher na literatura e na luta pelos direitos políticos e sociais".[178] É interessante notar que,

---

[178] BARBOSA, Elizângela Fernandes; op. Cit. Idem, p. 884.

quando Maria Firmina publica *Úrsula*, ela também não revela seu nome e identifica-se pelo pseudônimo "uma maranhense".

Combativa, em *A Escrava*, Maria Firmina escolheu uma personagem feminina para falar contra a escravidão. A personagem é representada como sendo membro de duas sociedades abolicionistas, no Maranhão e do Rio de Janeiro. Firmina faz ressoar, por meio da fala dessa senhora um discurso em defesa da abolição que se lastreia nos valores religiosos, como fica evidente no trecho abaixo:

> "Levantai os olhos ao Gólgota, ou percorrei-os em torno da sociedade, e dizei-me: Para que se deu em sacrifício, o Homem Deus, que ali exalou seu derradeiro alento? Ah! Então não é verdade que seu sangue era o resgate do homem! É então uma mentira abominável ter esse sangue comprado a liberdade!? E depois, olhai a sociedade... não vedes o abutre que o corrói constantemente"[179]

Parágrafos abaixo, a narradora rejeita a tese de que os escravos seriam vítimas e ao mesmo tempo algozes dos males do sistema escravista[180], atribui tais males aos senhores, bem como ao próprio regime escravista, invertendo a lógica dominante vigente em sua época. Diz ela: "O escravo é olhado por todos como vítima - e o é. O senhor, que papel representa na opinião social? O Senhor é verdugo - e esta classificação é hedionda."[181] Logo em seguida, passa a narrar a história da escrava Joana, fio condutor do conto *A Escrava*. Vejamos como a escritora introduz essa narrativa:

> Eu vou narrar-vos, se me quiserdes prestar atenção, um fato que ultimamente se deu. Poderia citar-vos uma infinidade deles; mas

---

[179] Idem, ibidem.
[180] E é exatamente esta a tese defendida por Joaquim Manuel de Macedo em seu romance *As Vítimas-algozes*.
[181] REIS, Maria Firmina; 2004, p.242.

> este basta, para provar o que acabo de dizer sobre o algoz e a vítima.
> E ela começou: [...] – Era uma tarde de agosto, bela com um ideal de mulher, poética como um suspiro de virgem, melancólica e suave [...] De repente uns gritos lastimosos, uns soluços angustiados feriram-me os ouvidos, e uma mulher correndo, e em completo desalinho passou por diante de mim, e como uma sombra desapareceu. [...] deu volta em torno de uma grande mouta de murta, e colando-se no chão nela se ocultou. [...] Ela, muda e imóvel, ali quedou-se.[182]

Assim, vemos que Maria Firmina pretende apresentar à sociedade da segunda metade do século XIX um assunto de alta importância que, no entanto, causava muita divergência de opiniões, narrando um fato (e faz questão de ressaltar que poderia citar ainda uma infinidade deles) que, *para ela*, evidenciava o comportamento bárbaro e selvagem, comum à maioria dos senhores de escravos.

Porém, diferente do que acontece em *Úrsula*, em *A Escrava*, Firmina coloca na boca da personagem branca o discurso que realizará também a inversão de valores observada anteriormente nas falas dos personagens negros de seu romance. Essa senhora abolicionista apresenta o escravo como vítima e o senhor como algoz; pasma diante da existência de defensores do sistema escravista no século XIX, momento em que, segundo ela, a moral cívica e religiosa já se levantava contra a escravidão; denuncia a ilegitimidade do estatuto de escravo utilizando o argumento religioso de que a liberdade não poderia ser comprada, uma vez que a morte do filho de Deus teria representado o resgate "do homem".

Ou seja, *essa senhora de sentimentos sinceramente abolicionistas*

---
[182] Idem, p.42-43.

via todo escravo como humano e livre por nascimento, desde que católico. Nesse sentido, podem-se estabelecer semelhanças com o livro de Stowe, *A Cabana do pai Tomás,* posto que a escritora norte-americana também se utiliza desse recurso. Deste modo, o sentimento religioso, o catolicismo em ambos é redentor. É ele que confere civilização. Esse é também, provavelmente um limite, de época, comum às obras.

Porém, é exatamente a partir dessa constatação que Maria Firmina dos Reis, ainda assim, destaca na personagem Joana sua capacidade de se expressar no contexto da escravidão, revelando-nos ser a esfera do discurso, uma esfera possível da agência escrava naquela sociedade.

Podemos conferir esse impulso de autonomia da personagem firminiana na seguinte passagem do conto, em que a senhora recém-chegada ao local em que se passa a narrativa quer receber maiores informações sobre o cruel proprietário da escrava: "estou aqui apenas há dois dias, tudo me é estranho: não o conheço. É bom que colha algumas informações dele: Gabriel mas dará.[183]" E Joana, mesmo fraca e já à beira da morte insiste, "não. Eu mesma. Ainda posso falar. E começou" a partir daí, a narrar as memórias de sua vida por meio de cenas de escravidão. É preciso atentar para a expressão: "ainda posso falar". Ela confere a personagem caráter de decisão ressaltando sua vontade de autonomia com relação às suas memórias e a forma enunciá-las.

Do mesmo modo, a entrada em cena da velha africana Susana confere maior densidade e sentido político ao romance **Úrsula**[184].

---

[183] REIS, Maria Firmina; 2004: p.253.
[184] Cf.: DUARTE, Eduardo; 2009: p.275.

LIBERDADE

Ao constatarmos que Joana, mesmo tendo vivido a maior parte de sua vida na condição de cativa (com um intervalo de apenas dois anos, quando seu pai acreditou ter-lhe comprado uma carta de alforria ao seu senhor), sujeitada às diversas formas de violência da escravidão. Ela, já velha, louca e à beira da morte, coloca-se como sujeito do discurso *ao afirmar: "mas eu de cor fusca. Era livre*[185]*"*. Neste trecho pode-se afirmar que a escritora constrói, de modo enfático, um olhar sobre si mesma a partir da questão da cor, associando-a também à experiência da liberdade.

Nesse trecho fica claro que a autora atrela a *noção de sujeito* como algo derivado *da ideia de liberdade,* de forma a representá-la como *elemento fundamental na constituição,* por parte dos personagens negros, do *significado de uma história pessoal.* Constitui-se, portanto, como *elemento organizador e estruturante* das *narrativas das vidas* representadas, ou seja: em suma, organiza aquilo que podemos compreender como *processo de subjetivação* dos personagens negros firminianos.

É especialmente interessante entender isso diante da condição do cativo na sociedade brasileira do XIX: compreendido como mercadoria, ou seja, como um objeto de valor capaz de gerar valor pelo uso da força física, passível de ser trocado, vendido, na medida em que sua humanidade era essencialmente negada. Nesse sentido, dotá-lo de subjetividade, de percepção sobre a própria história era, em si, uma ousadia.

No romance *Úrsula,* o mesmo procedimento é utilizado no enredo da escrava africana, Susana. Essa associa suas experiências

---

[185] REIS, Maria Firmina; 2004, p. 254.

de liberdade a um passado, vivido na África, que emerge de forma idealizada.

Já, Joana afirma ter vivido apenas "com alguma liberdade" no período em que foi "livre" - *"Então furtivamente eu comecei a aprender a ler, com um escravo mulato, e a viver com alguma liberdade."*[186] configurando-se, assim, do ponto de vista do processo de subjetivação, uma situação intermediária entre servidão e liberdade. Imediatamente após a morte de seu pai, o senhor Tavares reclama sua mercadoria:

> - Joana que vá para o serviço, tem já sete anos, e eu não admito escrava vadia[187].
>
> Nunca a meu pai passou pela idéia, que aquela suposta carta de liberdade era uma fraude; nunca deu a ler a ninguém; mas minha mãe, à vista do rigor de semelhante ordem, tomou o papel e deu-o a ler àquele que me dava as lições. Ah! Eram umas quatro palavras sem nexo, sem assinatura, sem data! Eu também a li, quando caiu das mãos do mulato. Minha pobre mãe deu um grito, e caiu estrebuchando.
>
> Sobreveio-lhe febre ardente, delírios, e três dias depois estava com Deus.
>
> Fiquei só no mundo, entregue ao rigor do cativeiro[188].

Ao longo da vida, a loucura acomete a personagem como consequência das marcas da violência subjetiva a que foi submetida.

Nesse sentido, concordamos com a análise de Régia Agostinho[189], de que é possível afirmar que Maria Firmina constrói um quadro da escravidão em que a violência é utilizada de forma a deixar marcas indeléveis na subjetividade da cativa Joana.

Se em *Úrsula* podemos entender que a tese defendida por Maria Firmina dos Reis ia na direção de que "só no campo subje-

---

[186] REIS, 2004; 254.
[187] Idem, 255.
[188] Ibidem.
[189] SILVA, Régia Augusto; 2013, p. 162.

tivo era possível algum tipo de liberdade e de resistência[190]", afinal, "a mente ninguém pode escravizar[191]", em *A Escrava*, a autora já apresenta uma proposta de intervenção direta na realidade objetiva das relações escravistas, já que a personagem "uma senhora" é representada por meio de seu conhecimentos das leis e pela sua filiação à grupos organizados em sociedades abolicionistas. No conto, Maria Firmina faz uma defesa das ações em torno das alforrias e problematiza a precariedade da fiscalização sobre os senhores de escravos, que recorrentemente infringiam o ordenamento jurídico relativo à regulação das cartas de liberdade. Em *A Escrava*, Firmina está preocupada mais preocupada com os espaços de liberdade que deveriam avançar para além do campo da "mente" e da subjetividade para se concretizar no campo das realidades objetivas da sociedade do pós-abolição que, naquele momento, 1887, já se projetava no horizonte.

...

Assim, pudemos compreender que, em um primeiro momento, no período de publicação do romance *Úrsula*, em 1859, concordamos com a visão predominante entre os estudiosos de Maria Firmina dos Reis de que a escritora pode ser considerada como pioneira; mas em um segundo momento, no qual Firmina redige e publica o conto *A Escrava*, em 1887, levando-se em conta os caminhos trilhados pelo abolicionismo até então, perguntamo-nos: neste segundo momento, em que medida a escritora também representaria a perspectiva de um grupo? Qual seria este?

Defendemos que seja possível pensar um pouco além dessa abordagem de pioneirismo e excepcionalidade apenas e alinhar

---

[190] Idem, p. 155.
[191] Cf. REIS, 2004; 38.

a produção de Maria Firmina dos Reis a um eixo no interior do pensamento abolicionista mais amplo em desenvolvimento na segunda metade do século XIX. E assim, entre o excepcional e o possível, rompendo certo paradigma, ir além da ideia de exceção e apresentar contrastes em sua obra.

Em *A Escrava*, de 1887, Maria Firmina afirma a doutrina cristã como sustentação da defesa da abolição e como princípio de igualdade e identificação entre todos os humanos – reunidos na crença e na fé católica.

Maria Firmina se aproxima mais de Luz Gama[192] do que de Joaquim Nabuco, por exemplo, que se alinhava à ideologia presente em *A Cabana de Pai Tomás*, em seu livro *Minha formação*, de 1900, por exemplo, ele afirma em tom confessional: "Mil vezes li a *Cabana do pai Tomás*, no original da dor vivida e sangrando"[193], tanto o foi, que também citou o romance em seu livro *O Abolicionismo*. Assim, uma vez que compreendemos que Maria Firmina pode ter composto seu romance em diálogo com o romance norte-americano, mas no sentido de fugir de certos elementos que se tornaram predominantes nas literaturas antiescravistas que estavam se constituindo. Maria Firmina, igualmente a Luiz Gama em sua atuação jurídica, tematizou a problemática da memória e ancestralidade africana.

A questão da preservação de uma memória era dramática para o africano escravizado. A escritora Maria Firmina esteve sensível a esse aspecto da existência do negro africano, assim como

---

[192] Luiz Gama nasceu em Salvador em 1830, foi um ex-escravo que se tornou jornalista e advogado. Membro do partido liberal e da confraria maçônica, militou em São Paulo pela abolição da escravatura na segunda metade do século XIX. Dois anos antes de morrer, escreveu 'carta autobiográfica que, segundo Maria Cecília Cortez C. de Souza, no artigo "O preto no branco: a trajetória de Luiz Gama", é de "grande qualidade literária" e nela lança suas memórias. Começa o texto apresentando sua mãe, Luiza Mahin.

[193] Ver: GUIMARÃES, Hélio de Seixas. "Pai Tomás no romantismo brasileiro". In: Teresa Revista de Literatura Brasileira [12|13]; São Paulo, p. 421-429, 2013; p. 422.

Luiz Gama, que tentará fazer uma reconversão: sair do domínio da cultura letrada para traduzir os anseios dos negros. Deste modo, a atuação de Luiz Gama como rábula consistiu em fazer muitas vezes da memória escrava um instrumento para a libertação

Podemos afirmar que entre eles havia um alinhamento ideológico nesse sentido. Assim, Maria Firmina teria recolhido problemas do universo dos cativos brasileiro e representado em sua obra, muito mais do que reproduzir os temas difundidos por *A Cabana do Pai Tomás*, como discutiremos no capítulo dois desta dissertação. Acima, observamos pontos que aproximam Firmina de Luiz Gama, contudo, em outro ponto, se distanciam.

Luiz Gama abre sua carta autobiográfica falando de sua mãe e, ao apresentá-la, afirma que ela era livre. "Sou filho natural de uma negra, africana livre"- tal como Maria Firmina faz ao colocar na voz de suas personagens Suzana (*Úrsula*) e Joana (*A* Escrava) depoimentos autobiográficos de suas vidas; ambas iniciam suas memórias afirmando sua condição de livre. Luiz Gama inicia assim sua carta autobiográfica.

> "Nasci na cidade de S. Salvador, capital da província da Bahia, em um sobrado da rua do Bângala, formando ângulo interno, em a quebrada, lado direito de quem parte do adro da Palma, na Freguezia de Sant'Ana, a 21 de junho de 1830, por as 7 horas da manhã, e fui batizado, 8 anos depois, na igreja matriz do Sacramento, da cidade de Itaparica.
> Sou filho natural de- uma negra, africana livre, da Costa Mina (Nagô de Nação), de nome Luiza Mahin, pagã, que sempre recusou o batismo e a doutrina cristã.
> Minha mãe era baixa de estatura, magra, bonita, a cor era de um preto retinto e sem lustro, tinha os dentes alvíssimos como a neve, era muito altiva, geniosa, insofrida e vingativa.
> Dava-se ao comércio — era quitandeira, muito laboriosa, e mais de

uma vez, na Bahia, foi presa como suspeita de envolver-se em planos de insurreições de escravos, que não tiveram efeito.

Era dotada de atividade. Em 1837, depois da Revolução do dr. Sabino, na Bahia, veio ela ao Rio de Janeiro, e nunca mais voltou. Procurei-a em 1847, em 1856 e em 1861, na Corte, sem que a pudesse encontrar. Em 1862, soube, por uns pretos minas que conheciam-na e que deramme sinais certos, que ela, acompanhada com malungos desordeiros, em uma "casa de dar fortuna", em 1838, fora posta em prisão; e que tanto ela como os seus companheiros desapareceram. Era opinião dos meus informantes que esses "amotinados" fossem mandados por fora pelo governo, que, nesse tempo, tratava rigorosamente os africanos livres, tidos como provocadores.

Nada mais pude alcançar a respeito dela. Nesse ano, 1861, voltando a São Paulo, e estando em comissão do governo, na vila de Caçapava, dediquei-lhe os versos que com esta carta envio-te."[194]

Podemos notar neste fragmento inicial da carta que o autor faz questão de marcar sua memória e ancestralidade e quando faz isso, ressalta também alguns pontos que marcam diferenças entre ele e Maria Firmina dos Reis. Ao abordar a ancestralidade, Gama, afirma uma ruptura: ao mencionar que sua mãe foi "pagã, que sempre recusou o batismo e a doutrina cristã", e que ainda "era muito altiva, geniosa, insofrida e vingativa", estabelece um corte importante, pois afirma a ancestralidade africana como base da constituição de sua altivez, afastando-se do lastro religioso-cristão de humanidade "emprestado" ao africano pelos europeus.

Nesse ponto distingue-se de Firmina, que apresenta ideais menos inovadores no romance *Úrsula*, de 1859, em que o mote religioso está presente fundamentando tanto a defesa da liberdade do escravo como a do senhor de escravos (O personagem Comen-

---

[194] Autobiografia de Luiz Gama. In: novos Estudos Nº 25 - Outubro De 1989. Disponível em:

dador interna-se convento para remir-se). Em *A Escrava*, de 1887, Maria Firmina afirma a doutrina cristã como sustentação da defesa da abolição e como princípio de igualdade e identificação entre todos os humanos – reunidos na crença e na fé católica. Portanto, entendemos que a defesa da religião expressa por Firmina em seu conto de 1887 marca uma distinção entre seu pensamento abolicionista e o de Luiz Gama.

Para Maria Cecília Cortez,

> a escrita e mais a memória tinham sido peças fundamentais para o ganho da liberdade – Luiz Gama procura estender, nos processos, o poder da memória e da escrita a favor de seus clientes negros,[195] ao fazer isso, ele passa a "instrumentalizar os códigos brancos e reutilizá-los em seu proveito". Para a autora, é assim que histórias de vida de homens negros letrados como Luiz Gama se inscrevem nos movimentos mais amplos de seu grupo social.[196]

Assim como Maria Firmina, que representa aqui a perspectiva da mulher letrada. Podemos inferir que Firmina e Luiz Gama se aproximavam ao abordar essa temática. Maria Firmina, igualmente a Luiz Gama em sua atuação jurídica, utilizou essa dissonância dos tempos como resposta às obras de sua época, de forma a distinguir sua produção e a tematizar a problemática da memória e da ancestralidade africana. A personagem da Preta Susana (em *Úrsula*), escrava africana, em suas lembranças trará ao romance as imagens de sua vida em liberdade na África, com descrições da paisagem e dos costumes de um lugar idealizado, como um lar harmônico e livre. Por meio das memórias de Suzana é que também aparecerão

---

[195] CORTEZ, Maria Cecília, 2001; pp.113-114.
[196] Idem, p.113.

no romance as imagens dos porões do navio e detalhes sobre a travessia do atlântico.

Procuramos desta maneira, abordar esse processo que vai da sujeição à subjetivação do indivíduo negro escravizado, o qual por meio da escrita, é alçado à condição de portador da experiência (ainda que não realizada completamente) de tornar-se/pretender-se sujeito de seu próprio destino..

Enfim, em 1859, notamos Maria Firmina dos Reis absolutamente precursora na literatura brasileira oitocentista, aproximando o Brasil com o exterior, ou seja, com o que havia na literatura antiescravista ocidental no início da segunda metade do século XIX. Em 1887, vemos que Firmina ainda se utiliza da argumentação religiosa em seu conto, uma perspectiva que já havia começado a mudar com a atuação e o pensamento de Luiz Gama, contudo, Maria Firmina representa seus personagens negros (cativos ou forros) como dotados de agência de projetos.

4.2 - JOANA – A ESCRAVIZADA QUE SABIA LER E OS LEITORES NAS SENZALAS: CIRCULAÇÃO DA LITERATURA ENTRE AS PESSOAS ESCRAVIZADAS

> "Uma noite em que Cândida lia à sua mãe o formoso romance *A cabana do Pai Tomás*, Lucinda, supondo Florêncio ainda não chegado da cidade, onde às vezes se demorava, e Liberato a fumar na sala de entrada, como costumava, para não incomodar Leonídia que aborrecia o cigarro, esgueirou-se sorrateira, e dirigiu-se com sutis passos pelo corredor que ia terminar naquela sala; sentindo, porém, o sussurro de duas vozes, que em confidência se entendiam, parou à porta, e aplicou o ouvido curioso e indiscreto de escrava."
>
> Joaquim Manuel de Macedo, As Vítimas-Algozes (1869)

Aproveitamos o exemplo de Joana para abrirmos uma breve reflexão a respeito das condições de leitura e de letramento dos escravizados no século XIX e nos perguntarmos sobre: quais formas a literatura circulava entre as pessoas escravizadas? Quais eram as condições da participação dos escravizados no mundo da escrita e da leitura? Quais usos fizeram de ambas?

O fragmento destacado no inicio deste tópico permite abordar o tema. Nele, acompanhamos a ação da personagem Lucinda no momento em que ela se dirigia para a sala em que o romance *A*

Cabana do Pai Tomás, muito em voga na época, estava sendo lido em voz alta pela personagem Cândia à sua mãe; contudo, Lucinda se detém atrás de uma porta através da qual podia ouvir uma conversa sussurrada em tom de confidência entre seus senhores.

Este trecho chama a atenção para o algo que não é facilmente percebido numa primeira leitura, ou seja: para o fato de que os negros escravizados no Brasil da segunda metade do século XIX não se encontravam totalmente às margens da vida cultural letrada da época e que também, de alguma forma, tomavam parte das discussões intelectuais relevantes para o período, ao estarem expostos aos espaços de sociabilidade em que a leitura e a escrita impunham-se enquanto códigos, contudo, o que exigia os negros pudessem ser portadores da capacidade de interpretar, e se simples fato, contrariava as representações que o imaginário social relegou ao sujeito negro.

Marialva Carlos Barbosa em seu artigo "Escravos letrados: uma página (quase) esquecida"[197], ao tratar das relações entre imprensa e o mundo dos escravos, enfatizou o modo como os negros escravizados entraram em contato com o mundo da escrita e examinou as maneiras como estes se constituíram enquanto leitores.[198] Ela percebeu que muitos negros escravizados podiam não dominar o código escrito, mas que apesar disso, podiam conhecer bem a sua função na sociedade e fazer uso dele, pois estavam imersos no universo cultural da rua, do cativeiro e da casa dos senhores, que de alguma maneira, eram regidos por sua lógica.

Assim, a autora traça distinções entre os conceitos de capa-

---

[197] BARBOSA, Marialva Carlos. "Escravos letrados: uma página (quase) esquecida". In: Revista da Associação Nacional dos Programas de Pós-Graduação em Comunicação, I E-compós, Brasília, v.12, n.1, jan./abr. 2009.

[198] Para a autora nos periódicos da época havia traços marcantes da possibilidade de leitura dos escravos, sobretudo nos anúncios publicados para denunciar suas fugas do cativeiro.

cidade de alfabetização e a capacidade de letramento, entendidos como operantes importantes para pensar as condições de vida da população negra do século XIX, pois para ela,

> Como afirma Wissenbach (2002), em relação à escrita, o que é extensivo à leitura, estar imerso nesse mundo ligava-se direta ou indiretamente às sociabilidades existentes nas cidades, entre escravos, forros, negros nascidos livres e brancos pobres em um tempo em que "uns lêem, outros escutam, ou simplesmente vêem, mas todos aproximam-se bem ou mal da escrita, todos percebem-na e experimentam sua presença[199].

Os escravizados, mesmo sem saber ler e escrever faziam parte de um mundo letrado e eles compreendiam e explicavam o mundo também a partir dessa lógica porque estavam imersos nesse universo cultural. Esse fato caracteriza a inserção dos escravos em um mundo duplo (oral e escrito), acerca disso, Marialva Barbosa observa que:

> Nos romances de época, há dezenas de descrições de cartas amorosas lidas e comentadas por jovens sinhazinhas a suas mucamas mais próximas. Ou de outros que são portadores frequentes dos "mandados", entre eles, os bilhetes e cartas a serem entregues a um outrem. Também nos textos ficcionais, os escravos emergem na cena das salas das casas grandes para servir aos seus senhores quando textos de romances ou dos periódicos da época estão sendo lidos e comentados em voz alta[200].

É o que acontece no fragmento acima destacado de *As Vítimas*-algozes que aparece aqui também como uma evidência à argumentação de Marialva Barbosa:

> Meia hora depois, Lucinda atravessava plácida e alegremente a sala de jantar, onde Florêncio e Liberato acabavam de ouvir com Leonídia a leitura do último capítulo da *Cabana do Pai Tomás*.
> Leonídia e Cândida tinham lágrimas nos olhos.

---

[199] BARBOSA, 2009, p.4.
[200] BARBOSA, 2009, p.5.

Lucinda entrou no quarto de dormir de sua senhora, e dali pôde ouvir o que foi dito.

– Pois vocês choram por isso? – perguntou Florêncio.

– Meu pai – disse Liberato –, este romance concorreu para uma grande revolução social; porque encerra grandes verdades.

– Quais, meu doutor?

– As do contra-senso, da violência, do crime da escravidão de homens, como nós outros, que nos impomos senhores; as da privação de todos os direitos, da negação de todos os generosos sentimentos das vítimas, que são os escravos; as da insensibilidade, da crueldade irrefletida, mas real, e do despotismo e da opressão indeclináveis dos senhores.

– Admiravelmente, meu doutor: o tal romance, belo presente que fizeste a Cândida, e que eu já tinha lido, mostra e patenteia o mal que os senhores fazem aos escravos.

– E muito mais ainda, meu pai...

– Embora; mas demonstra isso: e tu já pensaste no mal que os escravos fazem aos senhores? Já o mediste e o calculaste? ...

– Conseqüência do flagelo da escravidão: as vítimas se tornam algozes.

– E que algozes! ...

– Que se quebre pois o cutelo! – exclamou Liberato.

– E como? – perguntou Cândida.

– Banindo-se a escravidão, que nos desmoraliza; que é nossa inimiga natural, que nos faz mal em troco do mal que fazemos: porque o escravo condenado à ignomínia dá o fruto da ignomínia à sociedade que o oprime, e pune a opressão, corrompendo o opressor.

– Basta – disse Florêncio.

Liberato calou-se, mas com ar de triunfo.

E Lucinda que ouvira tudo da porta do quarto, murmurou com os dentes cerrados.

– E portanto... eu sou vítima.[201]

Joaquim Manuel de Macedo desvia o caminho de Lucinda impedindo-a de acompanhar a leitura que Cândida fazia de *A*

---

[201] MACEDO, 1869, p.15.

Cabana de Pai Tomás, mas faz questão de colocá-la na cena em que ocorria um debate sobre o livro entre a família senhorial.

Dessa forma, percebemos que a cena retrata a situação de imersão da escrava em um ambiente de leitura; além de evidenciar o fato de que os escravos, por circularem pelos diversos espaços de sociabilidade, não se encontravam totalmente à margem da vida intelectual, prova disso é a possibilidade de estarem em contato com um romance de grande circulação na época.

Deste modo, a análise do trecho selecionado permite também uma breve reflexão a respeito das condições de leitura e de letramento dos escravos no século XIX, pois apresenta um dos modos possíveis em que se dava a inserção dos escravos no mundo da escrita - ainda que analfabetos - participando, ouvindo, circulando pelos espaços e constituindo à partir disso, suas interpretações próprias. De tal modo, admitir as múltiplas possibilidades culturais que os escravos partilhavam e que também legaram à sociedade, permite dizer que não foi apenas passivamente que os escravos participaram do universo da escrita e da leitura.

5. CANTOS À BEIRA-MAR

Publicado originalmente em 1871[202], em São Luiz, *Cantos à beira-mar* é o livro de poesia de Maria Firmina dos Reis. Composto por 56 poemas, a obra foi dedicada à memória de sua mãe, a Leonor Felipa dos Reis:

> Minha Mãe! – as minhas poesias são tuas.
> [...]
> Se alguma aceitação merecerem meus pobres cantos, na minha província, ou fora dela; – se um acolhimento lisonjeiro lhes dispensar alguém; oh! minha mãe! essa situação esse acolhimento será uma oferenda sagrada, – uma rosa desfolhada sobre a tua sepultura!...
> Sim, minha mãe... que glória poderá resultar-me das minhas poesias, que não vá refletir sobre as tuas cinzas!?!...
> É a ti que devo o cultivo de minha fraca inteligência; – a ti, que despertaste em meu peito o amor à literatura; – e que um dia me disseste:
> Canta!
> Eis pois, minha mãe, o fruto dos teus desvelos para comigo; – eis as minhas poesias: – acolhe-as, abençoa-as do fundo do teu sepulcro.
> E ainda uma lágrima de saudade, – um gemido do coração...

A segunda edição do livro (fac-similar) foi publicada em São Luís, em 1976, por Nascimento Morais Filho, este pesquisador foi responsável por recuperar o único exemplar do livro remanescente

---

[202] REIS, Maria Firmina. Cantos à beira-mar. Typ do Paiz, Imp. Por M.F.V. Pires, largo de Palacio. SAN'LUIZ DO MARANHÃO, 1871. Impressão fac-similar, 2ª ed., por José Nascimento Morais Filho, São Luis, Maranhão, 1976.

do século XIX e fazê-lo circular novamente. Atualmente, é um livro ainda pouco estudado, têm-se levantado teses a respeito de seu conteúdo temático e político, de suas inovações estéticas e sobre o pioneirismo do enfoque homoafetivo presente em alguns poemas[203].

Para refletirmos sobre essa produção da autora, vamos acompanhar o estudo de Juliano Carrupt do Nascimento, intitulado "O livro de poemas de Maria Firmina dos Reis: tensões culturais da mulher e passeios pelo mar"[204].

Juliano Nascimento argumenta que *Cantos à beira-mar* é um livro dos sentimentos, ligado ao intimismo ultrarromântico, que tem como característica principal o fato de realizar a apropriação de elementos fundamentais da estética romântica e de suas concepções ideológicas a partir do universo da feminilidade, construída por uma mulher que extrapola a limitação da domesticidade atribuída ao feminino, por isso, ela desorganiza a tradição da poesia brasileira.

Para ele, a liberdade ideológica e estética foi um tema fundamental da poesia romântica, assim, para incorporar a tradição literária brasileira em sua obra, Maria Firmina teria se alinhando à luta pela liberdade instaurada pelos poetas mineiros do século XVIII.

Por outro lado, Firmina também tinha como referência a obra de Gonçalves Dias, figura responsável definir e consolidar as linhas do desenvolvimento do discurso lírico romântico brasileiro, durante as décadas de 1830 e 1840. Gonçalves Dias, no entanto, teria deixado o índio de fora de suas plataformas temáticas. Maria

---

[203] Ver: CARVALHO, Jéssica Catharine. *Gupeva e Cantos à beira-mar: Das possibilidades de sempre (re)descobrir Maria Firmina* - Juliano e Troina.

[204] NASCIMENTO, Juliano Carrupt do. O livro de poemas de Maria Firmina dos Reis: tensões culturais da mulher e passeios pelo mar. In: *A mente ninguém pode escravizar*. São Paulo: Alameda, 2022, p. 163-198.

Firmina dos Reis fará um investimento no sentido de preencher essa lacuna.

> Cantos à beira-mar (do início da década de 70) não apenas se apropria do que ficou legado pelos principais poetas românticos, como também recria os princípios fundamentais e os elementos que caracterizam o poema como poema romântico, imprimindo nele o olhar daquela que muitas vezes foi sua musa, o olhar da mulher veiculado pela poética e manifesto na cultura[205].

Assim, para o pesquisador, se a poesia tradicional do Romantismo brasileiro promoveu a abstração e a idealização da mulher, em *Cantos à beira-mar*, não é isso o que acontece, ao contrário, nele a mulher aparece concretamente: "a mulher sente, sonha, pensa, reflete, cogita, questiona, ousa, se expõe como ser humano localizado em determinado tempo, em determinado espaço social"[206]. Além disso, a relação com os homens é representada no livro como elogio e respeito e não como subordinação e dependência.

Assim, Maria Firmina dos Reis se apropria do legado poético postulado pelos homens, mas, ao transgredir os seus limites, o discurso lírico da autora cria outros espaços para a existência da voz feminina, não apenas subordinada: olhar feminino se projeta para além do espaço doméstico - existe a concepção crítica do feminino sobre sua situação, sobre os homens, sobre a literatura e sobre a própria história brasileira.

Jéssica Catharine Carvalho[207], por outro lado, pontua algumas temáticas que se sobressaem na obra. Segundo ela, o mar e a

---
[205] Idem.
[206] Idem, p. 164.
[207] CARVALHO, Jéssica Catharine Barbosa de. *Cantos à beira-mar e Gupeva*: das possibilidades de sempre (re)descobrir Maria Firmina dos Reis. *Literafro*. Disponível em: http://www.letras.ufmg.br/literafro/resenhas/poesia/1042-maria-firmina-dos-reis-gupeva-e-cantos-a-beira-mar. Acesso em outubro de 2022.

praia são presenças marcantes nos poemas 'Uma Tarde no Cumã', "Nas Praias do Cumã", "Cismar", "Itaculumim", "Meditação" e "Melancolia".

A exaltação da terra e o nacionalismo, bem como homenagens a pessoas ilustres, são também temas recorrentes, principalmente nos poemas "Minha terra", oferecido a Francisco Sotero dos Reis; "Te-Deum", oferecida ao poeta Gentil Homem; 'Por ocasião da passagem de Huimatá, dedicada ao poeta maranhense João Clímaco Lobato. Esses poemas demonstram o interesse de Maria Firmina em manter teias de relações que a mantivessem no meio letrado.

Outro tema importante é a critica da opressão patriarcal sobre as mulheres. "No álbum de uma amiga", "À minha extremosa amiga D. Anna Francisca Cordeiro", "Minha Alma", "Confissão" e 'Não quero amar mais ninguém' são poemas que realizam essa crítica.

Além da temática indianista, trabalhada no poema 'Por ocasião da tomada de Villeta e ocupação de Assunção', que realiza a exaltação do caráter guerreiro e vitorioso dos indígenas. Essa produção tece diálogo com o conto *Gupeva*.

A temática negra não é tão desenvolvida na poesia de Maria Firmina do Reis em *Cantos à beira-mar:*

> Mesmo que o negro e sua condição de africano escravizado, em terras brasileiras, não seja matéria nuclear do livro de poesia de Maria Firmina dos Reis, há de ser considerada a sua presença no sistema poemático do livro, para que fique registrado que em literatura brasileira outra voz se levantou, através do poema, contra a infame e desumana instituição escravocrata, uma vez que Castro Alves figura, tradicionalmente, sozinho, como o poeta dos escravos. Esquece-se a tradição de um Bittencourt Sampaio, Trajano Galvão, Pedro de Calasans, que verdadeiramente introduziram o negro como tema e matéria de poema, e

como poetisas abolicionistas, constam: Edwiges de Sá Pereira, Amélia Rodrigues, Ignez de Almeida Pessoa e Anna Alexandrina Cavalcanti de Albuquerque, que promoveram verdadeira revolta contra o escravismo, sem, claro, esquecer de Luiz Gama, o mais conhecido desses poetas pouco conhecidos[208].

Juliano Nascimento defende que para tratar do sujeito negro, Maria Firmina dos Reis mobilizará as tendências poéticas de Castro Alves e de Gonçalves Dias - um de seus grandes interlocutores.

---

[208] NASCIMENTO, 2022, p. 165.

6. *ÁLBUM:* O DIÁRIO DE MARIA FIRMINA DOS REIS

Aos 38 anos, em junho de 1863, Maria Firmina dos Reis anotava sobre si em um diário que possui fragmentos esparsos e que cobrem o período de 1853 a 1903, o que para ela seriam os seus traços mais marcantes. Nesse registro ela ressaltava as suas características físicas, seu nível de instrução, que a seu ver, só reafirmavam suas frágeis disposições naturais e, por fim, suas relações afetivas — laços de parentesco e amizade —, descrevendo-se como alguém de personalidade melancólica. A esse texto, deu o título "Resumo da minha vida" (dividido em três seções). Inicia-se assim a anotação do diário:

> De uma compleição débil, e acanhada, eu não podia deixar de ser uma criatura frágil, tímida, e por conseqüência melancólica: uma espécie de educação freirática, veio dar remate a estas disposições naturais. Encerrada na casa materna, eu só conhecia o céu, as estrelas, e as flores, que minha avó cultivava com esmero talvez; por isso eu tanto ame as flores; foram elas o meu primeiro amor. Minha irmã... minha terna irmã, e uma prima querida, foram as minhas únicas amigas de infância; e nos seus seios eu derramava meus melancólicos, e infantis queixumes; por ventura sem causa, mas já bem profundos.

Neste trecho, Maria Firmina ilumina detalhes importantes para a compreensão de sua própria percepção acerca de sua vida e de seu modo de ver o mundo. Assim, afirma ter tido "uma espécie educação freirática", "encerrada na casa materna" com a avó, a irmã (Amália Augusta dos Reis), e uma prima (Balduína) suas "únicas amigas de infância"; revelando-nos um contexto de isolamento no espaço do lar, profundamente marcado pela presença feminina. Ou seja, recebera um tipo de educação que não visava uma formação mais ampla, mas sim, restringi-la às atividades domésticas, reafirmando com isso a posição de subalternidade feminina na sociedade patriarcal maranhense daquele tempo. A consciência dessa realidade tornava-a melancólica e acanhada, ao mesmo tempo, atribuía um ponto de vista profundamente crítico, relativo às relações sociais vigentes em seu tempo.

Zahidé Muzart,[209] ao comparar diários de mulheres do século XIX com os diários de mulheres do final do século XX, julgava que o século XIX "seria pródigo no gênero", entretanto constata que "os diários de escritoras brasileiras do século XIX são os de mais difícil encontro [...], pois se os há publicados, a maioria esconde-se em gavetas ou já se perdeu para sempre[210]". Ela constata também que até o século XX, nenhum diário foi publicado em vida por seu autor.

> Os críticos têm afirmado que o diário é o lugar de eleição para as mulheres, que teriam predileção por gêneros *menores*, mais intimistas, como cartas e diários. [...] 'O diário, como a correspondência, foi durante por muito tempo um refúgio para a criatividade feminina privada de outros modos de expressão literária[211].

No entanto, a pesquisadora destaca que essa afirmação é

---

[209] MUZART, Zahidé. "De navegar e Navegantes" in: MIGNOT, Ana Chrystina Venancio; BASTOS, Maria Helena Camara; CUNHA, Maria Teresa Santos (organizadoras). *Refúgios do eu*: educação, história, escrita autobiográfica; Florianópolis: Editora Mulheres, 2000.
[210] Idem, p. 181-182. *As memórias de Inês Sabino*, intituladas *Através de meus dias*, é exemplo de diário perdido (manuscrito desaparecido).
[211] MUZART, Zahidé. "De navegar e Navegantes"; P.182.

contestada por Philippe Lejeune, que em *Le Moi des demoislles* demonstrando que a prática do diário não foi somente um fato feminino e que os primeiros diários de que se tem notícia são de homens"[212].

Assim, para Muzart, as características principais do diário feminino do século XIX são: a tematização da privacidade, da intimidade e do secreto por meio do registro descontínuo de certo efêmero. Segundo ela, Philippe Lejeune, pesquisador que realizou um mapeamento do diário íntimo na França desde seu aparecimento em 1780 até o final do século XIX, publicando-o sob o título *Le Moi des demoislles*[213], afirma que "o diário permanecia ligado, em seu imaginário, à ideia de angústia e de estar à deriva, uma escritura do imediato e do desencanto[214]"; elementos encontrados também no diário da escritora brasileira.

Porém, podemos acrescentar a esta perspectiva a abordagem efetuada por Luiza Lobo, de forma a conectar estas características mais gerais do imaginário atuante na escrita do diário íntimo a uma análise mais estilística da escrita de Firmina dos Reis; esta pesquisadora afirma que:

> O "Álbum" se reveste de constantes lamentações, compensadas por um profundo senso de religiosidade. São constantes as referências à "mãe de Deus", ao fatalismo da vontade divina. Esse espírito de conformismo diante das freqüentes mortes de crianças que adota, o fracasso amoroso, a morte de parentes e a partida de entes queridos que viajam de Guimarães, ao longo de sua vida, revelam, na sua pessoa, o mesmo espírito de reclusão que leva a personagem *Úrsula* a abrigar-se num convento, após a morte da mãe, enquanto esperava se casar com

---

[212] Idem.
[213] LEJEUNE, Phelippe. *Le Moi des demoislles*. Enquête sur Le journal de jeune fille. Paris: Seuil; 1993.
[214] Apud. MUZART, Zahidé. "De navegar e Navegantes" in: MIGNOT, Ana Chrystina Venancio; BASTOS, Maria Helena Camara; CUNHA, Maria Teresa Santos (organizadoras). *Refúgios do eu*: educação, história, escrita autobiográfica; Florianópolis: Editora Mulheres, 2000; p.183.

Tancredo. As causas dessa melancolia marcam a sua existência e o seu estilo, típico do *mal du siècle* [215].

Vemos, no trecho acima, que para a professora Luiza Lobo, *"as causas dessa melancolia marcam a sua existência e o seu estilo"*. Para ela, Maria Firmina é uma ficcionista e poeta evidentemente ultrarromântica, assim como Lamartine, Álvares de Azevedo, Gonçalves Dias e Almeida Garrett[216]. É possível relacionar o estilo indicado pela estudiosa às práticas de escrita femininas mais generalizadas, encontradas em vários países ocidentais, por meio das quais os diários eram prioritariamente registros das experiências de um eu íntimo. A melancolia, nesse sentido, é um ponto alto da época, mas também característico do gênero.

Para Morais Filho, as características estilísticas da produção literária de Firmina estavam entranhadas em sua própria vida e se confundiam com ela:

> O seu ou individualismo romântico não era artificial: tinha razões profundas em suas entranhas... O mal do século encontrou-a já num sepulcro... no campo de uma campa roendo os ossos dos fantasmas das desilusões... e fertiliza-lhe o sofrimento e exacerba-lhe a dor ao paroxismo!...[217].

Podemos interpretar a noção de ultrarromantismo defendida por Morais Filho caminhando no sentido apontado por Bourdieu, **é possível compreender** que tais características presentes na obra de Maria Firmina expressam as "categorias de percepção inconscientes através das quais ela se dá à experiência primeira[218]", ou seja, são um meio de representação de "um sentido prático [um *habitus*]

---

[215] LOBO, 1993, p.231.
[216] Idem, pp. 228-230.
[217] MORAIS FILHO, 1975, n.p.
[218] BOURDIEU, 1996, p.217.

que é produto da incorporação das estruturas do mundo social[219]" e que, também por isso, marcam seu *estilo*. Isso significa que, essa exacerbação de um eu individual não pode, nem deve, ser vista fora de um quadro social e histórico de experiências que articulam classe, situação geográfica, nacionalidade, raça e gênero do (a) autor (a).

Acompanhando os registros do diário, que foram redigidos entre os 28 e 78 anos de idade, notamos que os últimos anos da década de 1850, momento em que compõe e publica o romance *Úrsula*, alguns fatos importantes acontecem: a perda de uma pessoa muito importante, provavelmente uma mulher, e também a perda da avó, em 1859. A perda dessa pessoa importante é o texto de abertura de Álbum e foi registrada "numa cena que descreve a natureza ao gosto de Chateaubriand e Alencar", como observou Luiza Lobo[220] e como podemos notar a seguir:

> eu chorava porque a meus pés estava um túmulo!!! E as estrelas que prateavam a abóbada celeste, -e o mar que alvejava nos eu leito, - e a brisa do Sul que me rociava as faces, o verme, que se arrastava para a sua presa, - e o orvalho que se pendurava nas ramas – estavam mudos e tranqüilos. Só eu tinha o coração opresso por isso que a meus pés estava um túmulo![...] Oh! Sim! E para sempre escondida aquela que eu tanto amara!... Eu chorava... No silêncio da noite, minha dor, tocava a desesperação... O mar desdobrava-se a meus pés, - as estrelas cintilavam, sobre minha cabeça – a viração andava em torno de mim. Deus se me revelava em cada um daqueles objetos. [...] Ajoelhei sobre a terra ainda revolta do sepulcro, e meu espírito sentiu amarga consolação. Por que? Por que Deus amerciou-se de mim? Eu chorei sobre a sepultura...!
>
> Maria Firmina dos Reis
> 20 de maio de 1853

---

[219] Idem, p. 364.
[220] LOBO, 1993, p.231.

O fragmento acima evidencia a forma com que Firmina relaciona seus estados de espírito à descrição da natureza, ou seja, a natureza passa a entrar em contato com o *eu* romântico, refletindo seus sentimentos ou se contrastando a eles. O mesmo expediente reaparece páginas depois:

> Era o dia 19 de abril, um formoso sol brilhava sobre os campos do céu [...] mas meu coração estava aflito; porque na minha alma havia uma dor pungente. Minha pobre Avó! Caíste como o cedro da montanha, abalado em seu seio pelo correr dos séculos. Uma lágrima sobre a tua campa! porque a sua memória será terna em minha alma. Adios, até o dia em que Deus nos houver de reunir para sempre.
>
> Guimarães 19 de abril de 1859

É interessante notar que além da exacerbação do eu individual, da percepção subjetiva, a natureza era também um topos muito exaltado à época em que Firmina escreveu. Especialmente no Brasil, a natureza foi desde a primeira metade do XIX, junto aos "naturais da terra" – os povos indígenas - considerada um elemento a ser priorizado por uma literatura que procurasse ser "nativa", nacional. Desde Résumé de l'histoire littéraire du Portugal suivi du résumé de l'histoire littéraire du Brésil (1826), publicado pelo francês Ferdinand Denis, o indígena e a natureza serão saudados como elementos de singularização da produção cultural que se queria firmar como "brasileira", ou seja, elementos identitários. Isso estará presente tanto na literatura do período, em especial à de José de Alencar, como nas pinturas de Manuel de Araújo Porto-Alegre ou Victor Meireles[221].

Nesse sentido, Firmina participa de um contexto mais amplo,

---

[221] CANDIDO, Antonio. *O Romantismo no Brasil*. São Paulo: Humanitas; 2002. RICUPERO, Bernardo. *O Romantismo e a ideia de nação no Brasil*. São Paulo: Martins Fontes, 2004.

de um momento em que a exaltação da paisagem brasileira constitui um discurso de época.

Seguindo com a leitura do diário de Firmina, ela registra que a filha de sua amiga Guilhermina, escrava de sua tia Henriqueta, nasce em 1858, a quem ajuda a criar. E quando em 10 de agosto de 1858, morre sua amiga Ana Joaquina Cabral Viana, a quem dedica uma anotação no diário, faz uma primeira referência que nos dá pistas sobre o tipo de literatura que a escritora apreciava e lia. Pode-se afirmar que nesta época, lia[222] ou apreciava a obra de Garrett[223], o que fica evidente quando ela faz a seguinte citação:

> 'rosa de amor – rosa purpúrea e bela
> Quem entre os goivos te esfolhou da campa?!!
>
> C. por Garrett'[224].

De setembro de 1860 a fevereiro de 1861, período de divulgação da venda do romance *Úrsula*, que teve início em 01 de agosto de 1860, curiosamente, as entradas do diário de Firmina revelam grande angústia, melancolia e insatisfação com a vida, contrariando nossas expectativas de que esse pudesse ter sido um período de realização pessoal da autora, proporcionado pela circulação de seu livro e de seu nome pela imprensa maranhense. Ao contrário, a escritora expressa, em seus registros, intenções suicidas e desejo da morte, como podemos ver confessadamente no seguinte trecho: "Não.

---

[222] Supõe-se que Maria Firmina lia e escrevia fluentemente francês. O poema "Dedicação", publicado em 20 de setembro de 1861, no jornal *A Verdadeira Marmota*, é iniciado por Maria Firmina com uma citação de Byron em francês (Je t'aime! Je t'aime/ Oh ma vie) Cf.: MENDES, Algemira; 2002: p.19. MENDES, Melissa; 2013: p. 54.

[223] José Batista da Silva Leitão de Almeida Garrett (1799-1854), poeta e romancista português nascido na cidade do Porto, considerado um dos mais importantes escritores românticos portugueses do século XIX.

[224] MORAIS FILHO, 1975, (Álbum) n.p. São os dois últimos versos da V parte do canto quinto de *Camões*, livro escrito por Almeida-Garrett. É um poema lírico-narrativo, escrito provavelmente durante o primeiro exílio do escritor e é considerada a primeira obra romântica da história da literatura portuguesa. O tema é centrado na vida de Luís de Camões, em particular, os momentos em que Camões escreveu Os Lusíadas. A primeira publicação da obra foi em Paris.

Tentar contra os meus dias, seria um crime contra Deus e contra a sociedade; mas almejo a morte. Perdoai-me Deus de misericórdia! Mas a vida é-me assaz penosa, e eu mal posso suportá-la. O mundo é áspero e duro; mas não me queixo do mundo nem de pessoa alguma. [...] meus desgostos são filhos de meus caprichos" [225].

No ano de publicação do conto *A Escrava*, encontra-se essa interessante anotação: "Porfíria recebeu a liberdade a 17 do mesmo mês, e ano." (Março, 1887). Essa anotação pode sugerir que Maria Firmina retirava do seu cotidiano mais imediato, muito daquilo que ela representava na forma literária. O conto *A Escrava* de 1887, trata da questão da maternidade da negra escravizada e separação entre mãe e filho, além de discutir a questão da alforria e da reescravização e da liberdade.

A inclusão desse registro em seu diário, a nosso ver, nos leva a concordar, por exemplo, com Luiza Lobo quando ela afirma que "Mãe Susana, de *Úrsula*, assemelha-se a mãe Joana, de 'A Escrava', no sentido de nos transmitir a impressão de se tratarem de pessoas que Maria Firmina realmente conheceu". Ambas apresentam os mesmos traços de loucura devido ao sofrimento, só que mãe Susana recebe um tratamento épico por parte da autora.[226] Assim, entendemos que a pesquisadora sugere a possibilidade de Maria Firmina ter colhido depoimentos para compor sua obra, além, também, das ideias anotadas em Álbum.

Contudo, os paralelos entre biografia e autobiografia são traçados a partir da predisposição tácita de se construir um sentido único, coeso e coerente para a vida. Assim, vemos Maria Firmina, em seu texto autobiográfico realizando recortes de sua vida íntima

---
[225] Idem.
[226] LOBO, Luiza; 1993: p.229.

de modo a exprimir um sentido prático para suas experiências, que representam, ao mesmo tempo, a incorporação das estruturas do mundo social, mas de forma a apresentá-las por meio da ideia de uma vivência que é, concomitantemente, a realização de uma proposta estética fundada nos princípios do romantismo[227]. Nas palavras de Bourdieu:

> Sem dúvida, cabe supor que o relato autobiográfico se baseia sempre, ou pelo menos em parte, na preocupação de dar sentido, de tornar razoável, de extrair uma lógica ao mesmo tempo retrospectiva e prospectiva, uma consciência e uma constância, estabelecendo relações inteligíveis, como a do efeito à causa eficiente ou final, entre os estados sucessivos, assim constituídos em etapas de um desenvolvimento necessário. E é provável que esse ganho de coerência e de necessidade esteja na origem do interesse, variável segundo a posição e a trajetória que os investigados tem pelo empreendimento biográfico. Essa propensão a tornar-se o ideólogo de sua própria vida, selecionando em função de uma intenção global, certos acontecimentos *significativos* e estabelecendo entre eles conexões para lhes dar coerência[228].

O diário de Maria Firmina pode ter servido à autora como um campo de testes onde ela ensaiava a sua escrita, experimentava formas e fixava certas imagens que, mais tarde, estariam presentes em textos que vieram a público. Estão registrados ainda em Álbum, cinco poemas: "À Teresa de Jesus Cabral" (22/07/1856); "Um Anjo" (1863), poema reproduzido em forma de prosa (XIMENES, 2017); "À Minha Amiga Terezinha de Jesus" (19/11/1865); "Poema em memória de Adelsom" (1883/4/5[?]); "[Saudade] poema em memória de Guilhermina" (1884/5?). Três textos literários: "Uma lágrima sobre um túmulo" (20/05/1853); "Resumo

---

[227] Trataremos das questões referentes à estética romântica no capítulo 2 desta dissertação.
[228] BOURDIEU, Pierre. "A Ilusão Biográfica", op.cit. pp.184-185.

da minha Vida" (1863); e "O que é a Vida" (15/07/1873). Além de dois poemas oferecidos à Firmina: "Uma Saudade – No Álbum da Exma. Snra. D. Maria Firmina dos Reis" (1869?), por Raimundo Marcos Cordeiro; e por fim, "A Mocidade (A mimnha 'Mamaia' M.F. Dos Reis)", por Oton F. Sá.

Os manuscritos desse diário foram entregues ao pesquisador Nascimento Morais Filho, por Leude Guimarães, filho de criação da escritora; foram transcritos por Jamil Jorge (poeta e dramaturgo), que foi assessorado por uma filha; e teve revisão de Euclides Siqueira (documentarista). Segundo esse pesquisador, depois da morte de Firmina, em 1917, muitos manuscritos seus foram roubados, isso teria ocorrido quando Leude Guimarães esteve em São Luís, de posse desse material. Morais Filho descreve assim o relato:

Quando vim para São Luís, depois de sua morte' revelou-nos o Sr. Leude Guimarães, 'trouxe muitos manuscritos seus. Eram cadernos com romances e poesias e um álbum onde havia muita coisa de sua vida e de nossa família. Mas os ladrões, um dia, entraram no quarto do hotel onde estava hospedado, arrombaram o baú, e levaram tudo o que nele havia. Só me deixaram, de recordação, os restos desse álbum, que encontrei pelo chão! (MORAIS FILHO, 1975; n.p.). Atualmente, a localização do material manuscrito de Firmina é desconhecida (MORAIS FILHO, 1975; n.p).

Para finalizar este texto para além desses aspectos mais analíticos, consideramos que a leitura de *Álbum* só nos faz concordar com o pesquisador e poeta Nascimento Morais Filho, quando ele diz ser uma "felicidade rara ler o livro dos 'sentimentos íntimos' de uma mulher... E do século XIX!... E também de uma escritora!..." [229].

---
[229] MORAIS FILHO, 1975; n.p.

7. REFERÊNCIAS

ADLER, Dilercy. *Maria Firmina dos Reis: uma missão de amor.* Academia Ludovicense de Letras, São Luís (MA). 2017.

GOMES, Agenor. *Maria Firmina dos Reis e o cotidiano da escravidão no Brasil.* São Luis:AML, 2022.

ABREU, José Antonio Carvalho Dias de. *Os abolicionismos na prosa brasileira:* de Maria Firmina dos Reis a Machado de Assis.Tese de Doutorado. Faculdade de Letras Universidade de Coimbra, Portugal, 2013.

ALÓS, Anselmo Peres. "O indianismo revisitado: a autoria feminina e a literatura brasileira do século XIX"; artigo disponível em: http://seer.ufrgs.br/organon/article/view/31171/19346.

BARBOSA, Elizângela Fernandes. "Represent(ações) literárias em *A Escrava*, de Maria Firmina dos Reis". In: *Anais do XIV Seminário Nacional Mulher e Literatura# / V Seminário Internacional Mulher e Literatura*, Universidade de Brasília, 211. Disponível em:www.telunb.com.br/mulhereliteratura/anais/wp-content/.../elizangela_fernandes.pdf.

BLAKE, Augusto Victorino Sacramento. *Maria Firmina dos Reis.* em: Diccionário Bibliographico Brazileiro. Vol. 6, 1900; p. 232; TELLES, Norma: 2010; p.411.

BERGER, Peter L.; LUCKMANN, Thomas. A Construção Social da Realidade. Editora Vozes Ltda., Petrópolis, 1976.

BOSI, Alfredo. *História concisa da literatura brasileira.* [2ªedicção] São Paulo: Editora Cultrix, 1972; p.189.

_____. "Imagens do Romantismo no Brasil". In: *Entre a literatura e a história*. São Paulo: Editora 34, 2013 (1ª edição).

BOURDIEU, Pierre. *As Regras da Arte:* gênese e estrutura do campo literário. São Paulo: Companhia das Letras,1996; pp.217 e 292.

_____. "A ilusão biográfica". In: AMADO, Janaina & FERREIRA, Marieta M. (orgs.). *Usos e abusos da história oral*. Rio de Janeiro: Fundação Getúlio Vargas, 1996; pp. 190-191.

BRAGA, Alessandra de Almeida e WANDERLEY, *Márcia Cavendish*. "Interfaces sociológica e literária entre Maria Firmina dos Reis e Anne Brönte". Anais do XIV Seminário Nacional Mulher e Literatura / V Seminário Internacional Mulher e Literatura. V.1, nº1, 2011.Artigo disponível em: www.telunb.com.br/mulhereliteratura/anais/wp.../01/alessandra_almeida_braga.pdf

CANDIDO, Antonio. *Formação da Literatura Brasileira* (v.2). Editora da Universidade de São Paulo, Belo Horizonte; São Paulo: 1975

_____. *O Romantismo no Brasil*. São Paulo: Humanitas; 2002.

CHALHOUB, Sidney. "Precariedade estrutural: o problema da liberdade no Brasil escravista (século XIX)" in: História Social, n. 19, p.33-62, segundo semestre de 2010.

CUNHA, Maria de Lourdes da Conceição. *Os destinos trágicos da figura feminina no romantismo brasileiro;* e em 2005, publica *Romantismo brasileiro:* Amor e Morte - um estudo sobre José de Alencar e Maria Firmina dos Reis. Dissertação de Mestrado. Pontifícia Universidade Católica de São Paulo, 2004.

CUNHA, Maria Teresa Santos (organizadoras). *Refúgios do eu:* educação, história, escrita autobiográfica; Florianópolis: Editora Mulheres, 2000; p.183.

Agostinho, 2013.

CRUZ, Mariléia dos Santos; MATOS, Érica de Lima de; SILVA, Ediane Holanda. *"Exma. Sra. d. Maria Firmina dos Reis, distinta literária maranhense:* a notoriedade de uma professora afrodescendente no século XXI. CEMOrOc-Feusp / Univ. Autònoma de Barcelona, set/dez 2018, pp. 151-166.

DELEUZE, Gilles. "A Literatura e a Vida". In: *Crítica e Clínica*. São Paulo: Editora 34, 2004, pp.11-16.

DUARTE, Eduardo de Assis. Maria Firmina dos Reis e os Primórdios da Ficção Afro-brasileira. [Posfácio] In: REIS, Maria Firmina dos. *Úrsula; A escrava*. Florianópolis: Ed. Mulheres; Belo Horizonte: Puc Minas, 2004.

_____. (Org.). *Literatura e Afrodescendência no Brasil:* antologia Crítica. V.1 Precursores. Belo Horizonte: Editora UFMG, 2011.

_____ Posfácio. In: REIS, Maria Firmina dos. *Úrsula*. 4 ed. Florianópolis: Mulheres, 2004.

ELIAS, Norbert. *A sociedade de corte*. Rio de Janeiro: Jorge Zahar, 2001.

FERNANDES, Florestan. *A integração do negro na sociedade de classes.* 3. ed. São Paulo: Ática, 1978, v. 1. (Agradeço a prof. Dr. Michele Asmar Fanini pelo "insight" e sugestão para a resolução desse dilema). (grifos meus).

FERREIRA da SILVA, Denise. *A dívida impagável*. Casa do Povo, São Paulo: 2019.

FERREIRA, Ligia Fonseca. "No coração, a liberdade: as cartas exemplares de Luiz Gama". In: *Cândido – Jornal da Biblioteca Pública do Paraná*, 13/07/2015.

FRANCISCO, Carla Cristine. *Mãe Susana, Mãe África - a 'invenção' da diáspora negra em Úrsula (1859) de Maria Firmina dos Reis*. (Dissertação Mestrado em Aire culturelle romaine). Université de Provence Aix Marseille I, Aix-Marceille I, França, 2010.

FREITAS, Mauriene Silva de. *Discurso de constituição da brasilidade linguística: colonização, literatura e língua(s) no Brasil (XVI-XIX)*. (Dissertação Mestrado em Lingüística). Universidade Federal da Paraíba, UFPB, 2010.

HARTMAN, Saidiya. Vênus em dois atos (tradução: Fernanda silva e Sousa). Dossiê Crise, Feminismo e Comunicação, v. 23, n. 3, 2020, pp. 12-33; p.28.

JOB, Sandra Maria. *Em texto e no contexto social: mulher e literatura afro-brasileiras*. Tese de Doutorado. Programa de Pós-Graduação em Literatura da Universidade Federal de Santa Catarina, Florianópolis, 2011.

LIMA, Maria Eliana Alves; OLIVEIRA, Antonio José Silva. "Revista maranhense: veiculo de divulgação científica no estado do maranhão"; http://www.cienciamao.usp.br/dados/snef/_revistamaranhenseveiculo. trabalho.pdf

LOBO, Luiza. "A Pioneira Maranhense Maria Firmina dos Reis". In: Estudos Afro-Asiáticos. Rio de Janeiro, n. 16, 1989.

_____. ""Auto-retrato de uma pioneira abolicionista". In: *Crítica sem Juízo*. Rio de Janeiro: Francisco Alves, 1993; pp.222-238.

LOPES, Nei. Dicionário literário afro-brasileiro. Rio de Janeiro: Pallas, 2007.

MACEDO, Algemira. "Maria Firmina dos Reis: um marco na literatura afro-brasileira do século XIX". Artigo apresentado no XI Congresso Internacional da ABRALIC Tessituras, Interações, Convergências, de 2008, USP, São Paulo. Disponível em: http://www.abralic.org.br/eventos/cong2008/AnaisOnline/simposios/pdf/078/ALGEMIRA_MENDES.pdf.

MACEDO, Joaquim Manuel. *As vítimas-algozes: quadros da escravidão*. Rio de Janeiro: Editora Scipione ltda, 3ª ed.; 1991.

MAIA, Ludmila de Souza. "Viajantes de saias: escritoras e ideias antiescravistas numa perspectiva transnacional (Brasil, século XIX)". *Revista Brasileira de História*. São Paulo, v. 34, nº 68, pp. 61-81, 2014; p. 75. Ver: GUIMARÃES, Helio de Seixas, 2013.

_____. *Viajantes de saias: escritoras e ideias antiescravistas numa perspectiva transnacional (Brasil, século XIX)* (Doutorado), Instituto de Filosofia e Ciências Humanas da Universidade Estadual de Campinas; Campinas: 2016.

MARTIN, Charles. Uma rara visão de liberdade. In: REIS, Maria Firmina dos. *Úrsula*. 3 ed. Rio de Janeiro: Presença, 1988. p. 9-14.

MATTOS, Regiane Augusto de. "A prática da alforria e o perfil do liberto nos testamentos paulistas do século XIX". Anais da Associação Brasileira de Estudos Populacionais – População e História, 2000. Disponível em: http://www.abep.nepo.unicamp.br/docs/anais/pdf/2000/Todos/hist12_2.pdf.

MENDES, Algemira Macêdo. *Maria Firmina dos Reis e Amélia Beviláquia na história da literatura brasileira:* representações, imagens e memórias nos séculos XIX e XX. Tese de Doutorado em Teoria Literária. PUC Rio Grande do Sul, Porto Alegre, 2006.

MENDES, Melissa Rosa Teixeira. *Uma análise das representações sobre as mulheres no Maranhão da primeira metade do século XIX a partir do romance Úrsula, de Maria Firmina dos Reis*. Dissertação de mestrado. Programa de Pós Graduação em História Social da Universidade Federal do Maranhão, 2013.

MORAIS FILHO, José Nascimento. *Maria Firmina: fragmentos de uma vida*. São Luiz: COCSN, 1975.

MIRANDA, Fernanda Rodrigues de. *Silêncios PrEscritos: estudo de romances de autoras negras brasileiras (1859-2006)*. Rio de Janeiro: Malê, 2019.

_____. A herança narrativa insurrecionista de Maria Firmina dos Reis. In: *A mente ninguém pode escravizar*. São Paulo: Alameda, 2022, p. 233-252

_____. Realinhar memórias, produzir futuros: notas soltas sobre romancistas negras em roda. VASCONCELOS Eduardo; FERNANDEZ, Raffaella; SILVA, Régia Agostinho [organizadores] *Direito à literatura negra: história, ficção e poesia*. Teresina: Cancioneiro, 2022, p.44.

MOTT, Maria Lúcia de Barros. *Escritoras negras: resgatando a nossa história. Papéis Avulsos*. Rio de Janeiro: CIEC - Centro Interdisciplinar de Estudos Contemporâneos/UFRJ, 1989.

_____. *Submissão e resistência. A mulher na luta contra a escravidão*. São Paulo: Contexto, 1988.

MOURA, Clóvis. "Escravismo, Colonialismo, Imperialismo e Racismo". In: Revista Afro-Ásia, Universidade Federal da Bahia, nº14, 1983. Disponível em http://www.afroasia.ufba.br/pdf/afroasia_n14_p124.pdf.

MUNANGA, Kabengele. Construção da identidade negra no contexto da globalização. In: DELGADO, Ignacio G. et alli. *Vozes (além) da África:* **tópicos sobre identidade negra, literatura e histórias africanas. Juiz de Fora: Ed. UFJF, 2006.**

MUZART, Zahidé Lupinacci (org). *Escritoras brasileiras do século XIX*. Florianópolis: Editora Mulheres, 1999.

_____. "Maria Firmina dos Reis". In MUZART, Z. L. (Org). *Escritoras brasileiras do século XIX*. Florianópolis: Editora Mulheres, 2000.

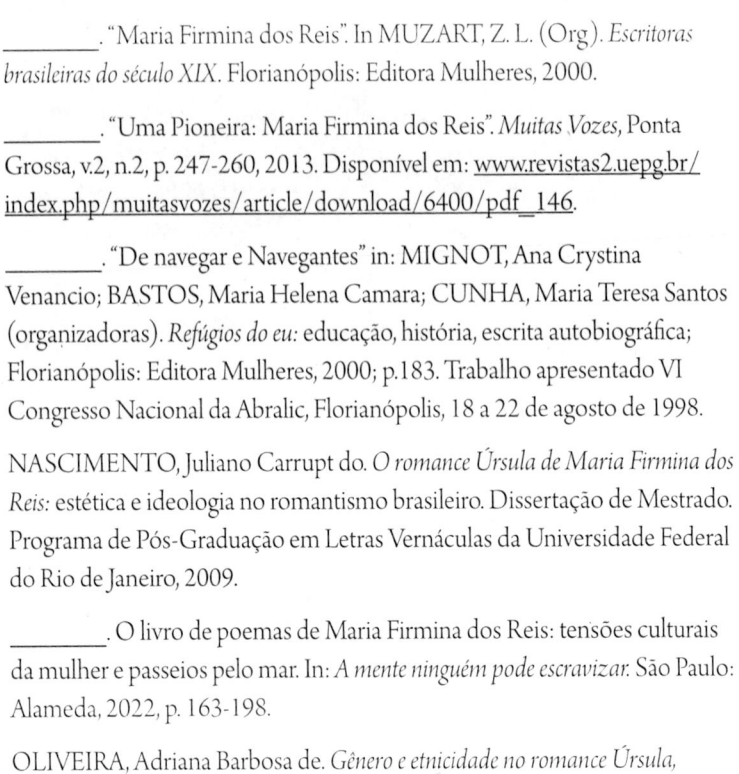

_____. "Uma Pioneira: Maria Firmina dos Reis". *Muitas Vozes*, Ponta Grossa, v.2, n.2, p. 247-260, 2013. Disponível em: www.revistas2.uepg.br/index.php/muitasvozes/article/download/6400/pdf_146.

_____. "De navegar e Navegantes" in: MIGNOT, Ana Crystina Venancio; BASTOS, Maria Helena Camara; CUNHA, Maria Teresa Santos (organizadoras). *Refúgios do eu:* educação, história, escrita autobiográfica; Florianópolis: Editora Mulheres, 2000; p.183. Trabalho apresentado VI Congresso Nacional da Abralic, Florianópolis, 18 a 22 de agosto de 1998.

NASCIMENTO, Juliano Carrupt do. *O romance Úrsula de Maria Firmina dos Reis:* estética e ideologia no romantismo brasileiro. Dissertação de Mestrado. Programa de Pós-Graduação em Letras Vernáculas da Universidade Federal do Rio de Janeiro, 2009.

_____. O livro de poemas de Maria Firmina dos Reis: tensões culturais da mulher e passeios pelo mar. In: *A mente ninguém pode escravizar.* São Paulo: Alameda, 2022, p. 163-198.

OLIVEIRA, Adriana Barbosa de. *Gênero e etnicidade no romance Úrsula, de Maria Firmina dos Reis.* Dissertação de Mestrado. Programa de Pós-Graduação em Letras: Estudos Literários, da Faculdade de Letras da Universidade Federal de Minas Gerais, 2007.

OLIVEIRA, Cristiane Maria Costa de. *A escritura vanguarda de Maria Firmina dos Reis: inscrição de uma diferença na literatura do século XIX.* Rio de Janeiro: UFRJ, Faculdade de Letras, 2001. Dissertação de Mestrado em Teoria Literária.

OLIVEIRA, Klebson. *Negros e Escrita do Brasil do século XIX*, tese de doutorado – UFBA, 1198 p. Salvador, 2006.

PANDOLFI, Fernanda C. "A imprensa e a abdicação de D. PedroI em 1831: história e historiografia". Texto integrante dos Anais do XVIII Encontro Regional de História – O historiador e seu tempo. ANPUH/SP – UNESP/ Assis, 24 a 28 de julho de 2006. Cd-rom. Disponível em: http://www.

anpuhsp.org.br/sp/downloads/CD%20XVIII/pdf/ORDEM%20 ALFAB%C9TICA/Fernanda%20Cl%E1udia%20Pandolfi.pdf.

PEREIRA, Josenildo de Jesus. *As representações da escravidão na imprensa jornalística no Maranhão na década de 1880*. (Tese Doutorado em História Social). Universidade de São Paulo, São Paulo, 2006.

PEDRO, Joana Maria; SOUSA, Beatriz Alves de. "Trajetória das mulheres brasileiras na carreira das letras: ensaio bibliográfico a partir de autores contemporâneos".

DUARTE; 2004; TELLES, Norma. "Rebeldes. Escritoras, Abolicionistas". R. História, São Paulo, 120, p.73-83, jan/jul. 1989; PINTO-BAILEY, Cristina Ferreira. "Na contramão: A narrativa abolicionista de Maria Firmina dos Reis". Washington and Lee University; Virginia, Estados Unidos. Ver: Revista Literafro. Belo Horizonte. disponível em: http://150.164.100.248/literafro/data1/autores/102/mariafirminaartigocristinaferreira.pdf

PIRES, Maria F. Novaes. "Cartas de alforria: 'para não ter o desgosto de ficar em cativeiro'". *In: Revista Brasileira de História*. São Paulo, v. 26, nº 52, 2006.

REIS, Maria Firmina dos. *Úrsula*; A Escrava. 4 ed. Atualização do texto e posfácio de Eduardo de Assis Duarte. Belo Horizonte: PUC Minas, 2004.

RICUPERO, Bernardo. *O Romantismo e a ideia de nação no Brasil.* São Paulo: Martins Fontes, 2004, pp XXIVII.

RIO, Ana Carla Carneiro *Autoria, devir e interdição:* os entre-lugares do sujeito no romance *Úrsula*. Dissertação de mestrado. Programa de Mestrado em Estudos da Linguagem, da Universidade Federal de Goiás. 2015.

SANTOS, Carla Sampaio dos. A escritora Maria Firmina dos Reis: história e memória de uma professora no Maranhão do século XIX. Dissertação (mestrado) – Faculdade de Educação da Universidade Estadual de Campinas, Campinas, 2016.

SANTOS, José Benedito dos; OLIVEIRA, Rita do Perpétuo Socorro de. "A Literatura afrodescendente de Maria Firmina dos Reis." In: SILVA, Lajosy (org.). *Folhas: literatura, política, marginalização e exclusão social* (1º volume). São Paulo: Livros Negócios Editoriais, 2016.

SILVA, Mario Augusto Medeiros da. "Esboço de análise sociológica da ideia de Literatura Negra no Brasil"; Baleia na Rede - Revista online do Grupo de Pesquisa e Estudos em Cinema e Literatura. Este texto foi apresentado no XIII Congresso da Sociedade Brasileira de Sociologia, Recife, 2007.

SILVA, Régia Agostinho da. *A escravidão no Maranhão:* Maria Firmina dos Reis e a representação sobre escravidão e mulheres no Maranhão na segunda metade do século XIX. Tese de Doutorado. Programa de Pós-Graduação em História Econômica pela Faculdade de Filosofia, Letras e Ciências Humanas da Universidade de São Paulo, 2013.

SOUZA, Antonia Pereira de. *A prosa de ficção nos jornais do Maranhão Oitocentista*. 329 Tese (Doutorado) – UFPB/ CCHL Programa de Pós-graduação em Letras (PPGL), da Universidade Federal da Paraíba (UFPB), João Pessoa, 2017. Disponível em: http://tede.biblioteca.ufpb.br/handle/tede/9172.

SOUZA, Maria Cecília Cortez Christiano de. "O preto no branco: a trajetória de Luiz Gama". In: HILSDORF, Maria Lúcia Spedo; VIDAL, Diana Gonçalves (org.). *Tópicas da história da educação*. São Paulo: Editora da Universidade de São Paulo, 2001.

STOWE, Harriet Beecher. *A cabana do Pai Tomás*. Trad. Linguagest. Porto: Público Comunicação, 2005.

SUSSEKIND, Flora. "As Vítimas-algozes e o imaginário do medo". Estudo introdutório da 3ª edição Comemorativa do Centenário da Abolição de *As Viitimas-algozes*. Editora Scipione, São Paulo, pp. XXI – XXXVIII. 1988.

_____. A Abolição. In *Folhetim*. Folha de S. Paulo, maio de 1988.

SPIVACK, Gayatry. "Quem reivindica a alteridade?" *In: Tendências e impasse: o feminismo como crítica da cultura*. Org. HOlLANDA, Heloisa Buarque. Rio de Janeiro, 1994.

TELLES, Norma. "Rebeldes. Escritoras, Abolicionistas". R. História, São Paulo, 120, p.73-83, jan/jul. 1989.

VERÍSSIMO, José. História a literatura brasileira. Ministério da Cultura Fundação Biblioteca Nacional *Departamento Nacional Do Livro. 1915.*

WISSENBACH, Maria Cristina Cortez. *Sonhos africanos vivências ladinas.* Escravos e forros em São Paulo (1850-1880). São Paulo. Hucitec, 1998.

_____. "Teodora Dias da Cunha: construindo um lugar para si no mundo da escrita e da escravidão" in: *Mulheres Negras no Brasil escravista e do pós-emancipação*. Orgs. XAVIER, Geovana; FARIAS, Juliana Barreto; GOMES, Flavio. Editora Selo Negro, p. 228-243, 2012.

AGRADECIMENTOS

Aos meus pais Elza Maria João Diogo e José Agostinho Diogo - os meus primeiros professores que me ensinaram a escrever o meu nome -, pelo exemplo e pelo apoio durante toda a minha trajetória acadêmica.

Às minhas irmãs Fabiana Martins Diogo, Angélica Martins Diogo e Mariana Martins Diogo - minhas companheiras de aprendizado -, pelo companheirismo e incentivo verdadeiros.

À minha filha Luara Diogo de Melo, pela sua força e pela cumplicidade entranhada em nossas vísceras. À minha sobrinha Júlia Diogo Meneghel e aos meus sobrinhos Yago Diogo Penteado, Caio Diogo Meneghel e Miguel Diogo da Costa, por reeducarem o meu olhar sobre o mundo.

À minha orientadora do mestrado Ana Paula Cavalcanti Simioni, pelo aprendizado colossal que me proporcionou. Obrigada por sua inteligência e generosidade!

Aos professores Fernando Paixão e Maria Cristina Wissenbach - que compuseram as bancas de qualificação e de defesa do meu mestrado -, por me apontarem possibilidades instigantes que ampliaram minha consciência sobre o meu trabalho.

À Michele Asmar Fanini, pela leitura atenta do meu projeto de mestrado.

Ao amigo Carlos Alberto Fernandes Cadilhe, por ter me

inserido no universo dos sites e por trabalhar comigo no portal *Memorial de Maria Firmina dos Reis*. Obrigada por me abrir novos caminhos.

Às minhas queridas amigas Fernanda Rodrigues de Miranda e Marília Fernanda Correia, pela parceria potente na **Revista** *Firminas – pensamento, estética e escrita*. Obrigada por tanto!

Às amigas queridas Aline Fátima, Érica Rodriges, Fabiana Carneiro, Fernanda Bastos, Hildalia Cordeiro, Jéssica Catharine Barbosa de Carvalho, Mariana Machado Rocha, Miriam Cristina dos Santos, Régia Agostinho da Silva, Roberta Flores Pedroso - que participaram da primeira edição da *Revista Firminas* -, por expandirem nossos projetos com suas potências.

Aos colegas Charles Martin, Helio De Sant'anna Dos Santos e Wal Paixão - que também participaram da primeira edição da *Revista Firminas* -, pelo comprometimento e por todas as parcerias que se seguiram. E ao Juliano Carrupt do Nascimento, pelas conversas inspiradoras.

À querida Algemira de Macedo Mendes, pela disposição em firmar parcerias em ideias e projetos, e pela disposição em promover as pautas e temáticas da literatura de autoria de mulheres negras no universo acadêmico.

Aos colegas Natanael Castro e Raimundo Fontenele, pelos diálogos, partilhas de informações e pelo companheirismo durante as pesquisas e trabalhos no site *Memorial de Maria Firmina dos Reis*.

Aos integrantes do Grupo de Pesquisadores de Maria Firmina dos Reis, Ana Wuensch, Cristiane Navarrete Tolomei, Denise Santiago Figueiredo, Dilercy Adler, Mairylande Nascimento,

Natércia Moraes Garrido, Natividade Silva Rodrigues, Valquíria Guillemin Imperiano, Rafael Balseiro Zin, Socorro Lira.

Ao pesquisador Agenor Gomes, por ter me enviado um exemplar da biografia que lançou em março de 2022, sobre a autora Maria Firmina dos Reis. Obrigada pelo incrível trabalho com as fontes documentais e orais, o seu livro nos abre infinitas possibilidades de abordagem.

Às colegas de mestrado do IEB, Gabriela Pessoa, Isabel Grandin, Lúcia Stumpf, Manuela Nogueira, Marina Mazze, Regiane Matos e ao colega Carlos Lima Júnior, pelas trocas, conversas e apoios mútuos.

À Fernanda Grigolin e Daniella Avelaneda Origuela, por me convidarem para participar da segunda edição da *Revista Lucía*, para a qual redigi a carta à professora Maria Firmina dos Reis, que compõe também, agora, este livro. Obrigada pelas conversas enriquecedoras no grupo de pesquisa *Já Existiam Publicações antes do Mercado* (JEPAM), composto também por Lucia Parra, Joaquim Marçal Andrade e Thiago Lemos Silva. Gratidão pelas trocas!

À Bianca Ferraz, produtora da exposição *De Úrsula a Ponciá Vicêncio: 200 anos de independência do Brasil e de escrevivência de mulheres negras*, por me solicitar um texto para os materiais gráficos da exposição que acabou sendo base para a abertura deste livro.

Ao Eduardo de Assis Duarte, por amplificar a iniciativa do *Memorial de Maria Firmina dos Reis* divulgando a página no portal *Literafro*.

Aos queridos Ecio Salles (in memoriam) e Julio Ludemir, pelas oportunidades de difusão do meu trabalho de pesquisa nos eventos da Festa Literária das Periferias (Flup)

Às amigas Roseleine Vitor Bonini, Laura Santana Lima,

Vanessa Yara Gonçalves, Domênica Santos, Lenita Cunha e Silva, Ângela Grillo, Aline Novais de Almeida, Ernestina de Souza Mestre e Leila Bellas, pela rede de apoios e afetos que formamos. Vocês são fundamentais!

Á querida Carolina Itzá, artista visual da primeira edição da *Revista Firminas*, pela arte da capa deste livro.

Ao querido Leandro Freitas, por ter revisado grande parte do texto da minha dissertação de mestrado.

Ao meu companheiro Marcos Salomão Alves, por preencher com amor e calma os meus dias.

Ao pai da minha filha Gustavo do Lago de Melo, pelo companheirismo nos desafios que enfrentamos e ainda enfrentaremos.

Aos cunhados Evandro Rodrigo Meneghel e Viguiander da Costa, pela irmandade, camaradagem e torcida.

Aos queridos Eloisa Maranhão e Henrique Maranhão, por todas as parcerias que travamos. Pelo afeto construído.

À minha querida amiga-irmã Neiriane Borges Nucci, por sempre ter acreditado que um dia eu publicaria um livro. Obrigada pela amizade sincera!

À Yara Maria Denadai Golfi, minha professora de Língua Portuguesa do Ensino Médio na Etecpa, por me fazer acreditar na força da minha escrita. Sou eternamente grata!

À *Editora Malê*, na pessoa de Vagner Amaro, por tornar este livro possível.

Ao Instituto de Estudos Brasileiros da Universidade de são Paulo, pela acolhida entusiasmada do meu projeto de pesquisa e por todo o suporte no desenvolvimento da pesquisa.

À Faculdade de Filosofia, Letras e Ciências Humanas da

Universidade de São Paulo, pela minha formação acadêmica por ser um espaço constante de diálogos possíveis.

À Coordenação de Aperfeiçoamento de Pessoal de Nível Superior (CAPES), pelo financiamento da pesquisa de mestrado entre os anos de 2014 e 2012 e pelo financiamento da pesquisa de doutorado, em andamento. Sem esse apoio, nada disso seria possível.

Esta obra foi composta em Arno Pro Light 13 para a Editora Malê e impressa na RENOVAGRAF, em São Paulo, em março de 2023.